交通强国系列丛书

国家综合立体交通网规划纲要学习读本

本书编写组　编著

人民交通出版社股份有限公司

北京

编 委 会

编审委员会委员

杨传堂　李小鹏

冯正霖　马军胜　宋福龙　戴东昌　刘小明　刘振芳
王志清　汪　洋　姜明宝　李天碧
徐成光　吴春耕　魏　东　卢尚艇　李良生　徐亚华
彭思义　庞　松　李　扬　柯林春　李国平　曹德胜
王　雷

编写委员会委员

张大为　严贺祥　王　强　任锦雄　王　太　苏　杰
柳　鹏　韩　钧　包　毅　刘　红　王　晶　曾军山
刘　莹　陈胜营　金敬东　刘占山　谢晓东　石良清
朱鲁存　胡华清　韩景宽　胡　凯　何　勇

编写委员会成员

刘　东　宋彩萍　聂向军　马衍军　蒋　斌　高　翠
李　乾　史书铨　左天立　高　飞　陈　钟　王　晨
张金发　尹振军　穆　阳　赵砚秋　王晖军　戴新鎏
马　俊　李善友　彭　峥　刘忠付　赵忠德　兰艳丽
肖春阳　陈　璟　李鹏林　郑学文　蔡翠毅　鲁光泉
陈发城　徐洪磊　朱高儒　萌　真　袁春敏　孔　哲
杜彩军　陈　琨　张长俭　高美冬　崔向群　孙鹏霞
刘　凌　李继学　刘梁栋　黄雪耀　丁宗皓　姚晓宇
朱苍晖　毛　睿　陈文来　牛雪妮　高　超　王　蒲明
王达川　冯宏琳　彭　彬　李俊鹏　李镏洋　李晓华
李育天　徐　婧　肖荣娜　魏际刚　赵　羽　韩舒怡
李连成　金凤君

出 版 说 明

党中央、国务院高度重视交通运输发展。党的十九大作出了建设交通强国的战略部署。党的十九届五中全会提出，加快建设交通强国，完善综合运输大通道、综合交通枢纽和物流网络。习近平总书记强调，加快形成安全、便捷、高效、绿色、经济的综合交通体系，并在北京大兴国际机场投运仪式上发出加快建设交通强国的动员令。李克强总理指出，要加快推进运输结构调整，提高综合运输效率，降低物流成本。2019年9月，中共中央、国务院印发《交通强国建设纲要》（以下简称《建设纲要》），明确提出建设现代化高质量综合立体交通网络。为贯彻落实党中央、国务院关于加快建设交通强国，构建现代化高质量国家综合立体交通网的决策部署，在刘鹤副总理任组长的交通强国建设纲要起草组领导下，交通运输部会同国家发展和改革委员会、科学技术部、工业和信息化部、公安部、财政部、人力资源和社会保障部、自然资源部、生态环境部、住房和城乡建设部、农业农村部、商务部、文化和旅游部、应急管理部、中国人民银行、中国工程院、国家能源局、国家铁路局、中国民用航空局、国家邮政局、中国国家铁路集团有限公司等成员单位，组建了总体组、行业组、专题组等工作组，承担了《国家综合立体交通网规划纲要》（以下简称《规划纲要》）起草工作。2021年2月，中共中央、国务院印发了《规划纲要》。

为做好《规划纲要》学习宣贯工作，帮助广大干部群众准确理解把握《规划纲要》的重大意义和具体内容，指导各地科学推进综合立体交通网规划建设，特编写本书。书中收录了《建设纲要》文本，《规划纲要》文本及学习体会文章、学习辅导问答等内容。

本书编写组
2021 年 2 月

目　　录

中共中央　国务院印发《交通强国建设纲要》　………… 1

中共中央　国务院印发《国家综合立体交通网
规划纲要》………………………………………………… 15

全面构建现代化高质量国家综合立体交通网
………………………………… 杨传堂　李小鹏 / 44

科学布局国家综合立体交通网　………………… 总体组 / 55

推动铁路在交通强国建设中展现新作为　……… 铁路组 / 67

奋力打造世界一流的国家公路网　………………… 公路组 / 87

加快构建现代化水运发展新格局　………………… 水运组 / 104

加快建设现代化民航基础设施体系　……………… 民航组 / 124

加快建设与国家综合立体交通网深度融合的
邮政快递网　…………………………………… 邮政组 / 142

坚持系统观念　推动综合交通统筹融合发展
…………………………………………………… 总体组 / 158

统筹发展和安全　完善交通运输安全体系
…………………………………………………… 安全组 / 174

坚持创新驱动发展　把握智慧交通发展主动权
…………………………………………………… 智慧组 / 182

贯彻生态文明建设要求　推进交通运输绿色发展

.... 绿色组／196

《国家综合立体交通网规划纲要》学习辅导问答

一、关于《规划纲要》总体情况 ………………… 208
　（一）《规划纲要》的总体定位是什么？………… 208
　（二）《规划纲要》的规划范围是什么？………… 210
　（三）《规划纲要》的规划期限是什么？………… 211
　（四）《规划纲要》的主要内容是什么？………… 212
　（五）《规划纲要》的主要特点是什么？………… 213
　（六）如何理解"综合"和"立体"？…………… 214
　（七）如何理解发挥各方式比较优势
　　　　和组合效率？………………………………… 215
　（八）如何支撑区域协调发展战略？……………… 216
　（九）如何支撑乡村振兴战略？…………………… 217
　（十）如何支撑新型城镇化战略？………………… 218
　（十一）如何支撑"一带一路"建设？…………… 219
二、关于国家综合立体交通网规划基础与形势
　　要求 ……………………………………………… 220
　（十二）我国综合交通网络建设现状如何？……… 220
　（十三）《规划纲要》如何落实新发展阶段
　　　　　要求？…………………………………… 221
　（十四）《规划纲要》如何贯彻新发展理念？…… 222

(十五)《规划纲要》如何服务构建新发展
格局？ ……………………………… 222
(十六) 全方位对外开放新格局对交通运输
有什么要求？ …………………… 223
(十七) 全球物流供应链体系建设对交通运输
有什么要求？ …………………… 224
(十八) 低碳发展对交通运输有什么要求？ …… 225
(十九) 我国产业结构变化对交通运输需求
有什么影响？ …………………… 226
(二十) 我国人口老龄化对交通运输需求
有什么影响？ …………………… 226
(二十一) 未来我国客货运输需求将发生
什么变化？ …………………… 227
(二十二) 未来我国科技发展对交通运输
有什么影响？ …………………… 228
(二十三)《规划纲要》的发展目标是什么？ …… 229
(二十四)《规划纲要》的指标体系是什么？ …… 230
(二十五) 各项具体指标的含义是什么？ ………… 232

三、关于优化国家综合立体交通布局 …………………… 235
(二十六) 如何理解国家综合立体交通网的
总体布局思路？ ………………… 235
(二十七) 铁路网布局思路是什么？ ……………… 237
(二十八) 公路网布局思路是什么？ ……………… 240
(二十九) 水运网布局思路是什么？ ……………… 244
(三十) 民用运输机场布局思路是什么？ ……… 246

（三十一）航路规划思路是什么？ ………… 248
（三十二）邮政快递布局思路是什么？ ………… 249
（三十三）国家综合立体交通网实体线网
在全国交通网中占多大比例？ ………… 251
（三十四）如何理解国家综合立体交通网
主骨架布局？ ………… 251
（三十五）国家综合交通枢纽系统由什么
构成？ ………… 253
（三十六）国家综合交通枢纽城市布局思路
是什么？ ………… 254
（三十七）面向全球的运输网络如何发展？ ……… 256

四、关于推进综合交通统筹融合发展 …………………… 257
（三十八）如何推动综合交通统筹融合发展？ …… 257
（三十九）如何加强通道规划建设统筹？ ………… 258
（四十）如何强化枢纽一体化规划建设？ ………… 259
（四十一）如何推进交通基础设施网与运输
服务网、信息网、能源网融合发展？ … 260
（四十二）如何推进重点区域交通运输
统筹发展？ ………… 261
（四十三）如何推进东部、中部、西部
和东北地区交通运输协调发展？ ……… 262
（四十四）如何推进城市群、都市圈交通运输
一体化？ ………… 263
（四十五）如何推进城乡交通运输一体化？ ……… 264

（四十六）如何推进交通与相关产业融合发展？
　　　　…………………………………………………… 265

五、关于推进综合交通高质量发展 …………………… 267
　　（四十七）为什么要推动综合交通高质量发展？
　　　　…………………………………………………… 267
　　（四十八）如何推进安全发展？ ………………… 267
　　（四十九）如何推进智慧发展？ ………………… 268
　　（五十）如何推进高速磁悬浮发展？ …………… 269
　　（五十一）如何推进自动驾驶等技术应用？ …… 270
　　（五十二）如何推进绿色发展？ ………………… 271
　　（五十三）如何推进人文建设？ ………………… 271
　　（五十四）如何深化行业改革？ ………………… 272
　　（五十五）如何推进人才队伍建设？ …………… 273

六、关于《规划纲要》保障措施 ……………………… 273
　　（五十六）如何加强用地保障？ ………………… 273
　　（五十七）如何加强资金保障？ ………………… 274
　　（五十八）如何加强组织实施？ ………………… 275
　　（五十九）如何研究推进重大工程？ …………… 275
　　（六十）如何推进重大通道工程？ ……………… 276
　　（六十一）如何推进重大枢纽工程？ …………… 276
　　（六十二）如何推进技术创新引领工程？ ……… 277
　　（六十三）如何推进安全绿色低碳工程？ ……… 277
　　（六十四）如何减轻对生态环境的影响？ ……… 278

中共中央 国务院
印发《交通强国建设纲要》

2019年9月,中共中央、国务院印发了《交通强国建设纲要》,并发出通知,要求各地区各部门结合实际认真贯彻落实。

《交通强国建设纲要》全文如下。

建设交通强国是以习近平同志为核心的党中央立足国情、着眼全局、面向未来作出的重大战略决策,是建设现代化经济体系的先行领域,是全面建成社会主义现代化强国的重要支撑,是新时代做好交通工作的总抓手。为统筹推进交通强国建设,制定本纲要。

一、总体要求

(一)指导思想。以习近平新时代中国特色社会主义思想为指导，深入贯彻党的十九大精神，紧紧围绕统筹推进"五位一体"总体布局和协调推进"四个全面"战略布局，坚持稳中求进工作总基调，坚持新发展理念，坚持推动高质量发展，坚持以供给侧结构性改革为主线，坚持以人民为中心的发展思想，牢牢把握交通"先行官"定位，适度超前，进一步解放思想、开拓进取，推动交通发展由追求速度规模向更加注重质量效益转变，由各种交通方式相对独立发展向更加注重一体化融合发展转变，由依靠传统要素驱动向更加注重创新驱动转变，构建安全、便捷、高效、绿色、经济的现代化综合交通体系，打造一流设施、一流技术、一流管理、一流服务，建成人民满意、保障有力、世界前列的交通强国，为全面建成社会主义现代化强国、实现中华民族伟大复兴中国梦提供坚强支撑。

(二) 发展目标

到 2020 年，完成决胜全面建成小康社会交通建设任务和"十三五"现代综合交通运输体系发展规划各项任务，为交通强国建设奠定坚实基础。

从 2021 年到本世纪中叶，分两个阶段推进交通强国建设。

到 2035 年，基本建成交通强国。现代化综合交通体系基本形成，人民满意度明显提高，支撑国家现代化建设能力显著增强；拥有发达的快速网、完善的干线网、广泛的基础网，城乡区域交通协调发展达到新高度；基本形成"全国 123 出行交通圈"（都市区 1 小时通勤、城市群 2 小时通达、全国主要城市 3 小时覆盖）和"全球 123 快货物流圈"（国内 1 天送达、周边国家 2 天送达、全球主要城市 3 天送达），旅客联程运输便捷顺畅，货物多式联运高效经济；智能、平安、绿色、共享交通发展水平明显提高，城市交通拥堵基本缓解，无障碍出行服务体系基本完善；交通科技创新体系基本建成，交通关键装备先进安全，人才队伍精良，市场环境优良；基本实现交通治理体系和治理能力现代化；交通国际竞争力和影响力显著提升。

到本世纪中叶，全面建成人民满意、保障有力、世界前列的交通强国。基础设施规模质量、技术装备、科技创新能力、智能化与绿色化水平位居世界前列，交通安全水平、治理能力、文明程度、国际竞争力及影响力达到国际先进水平，全面服务和保障社会主义现代化强国建设，人民享有美好交通服务。

二、基础设施布局完善、立体互联

（一）建设现代化高质量综合立体交通网络。以国家发展规划为依据，发挥国土空间规划的指导和约束作用，统筹铁路、公路、水运、民航、管道、邮政等基础设施规划建设，以多中心、网络化为主形态，完善多层次网络布局，优化存量资源配置，扩大优质增量供给，实现立体互联，增强系统弹性。

强化西部地区补短板，推进东北地区提质改造，推动中部地区大通道大枢纽建设，加速东部地区优化升级，形成区域交通协调发展新格局。

（二）构建便捷顺畅的城市（群）交通网。建设城市群一体化交通网，推进干线铁路、城际铁路、市域（郊）铁路、城市轨道交通融合发展，完善城市群快速公路网络，加强公路与城市道路衔接。尊重城市发展规律，立足促进城市的整体性、系统性、生长性，统筹安排城市功能和用地布局，科学制定和实施城市综合交通体系规划。推进城市公共交通设施建设，强化城市轨道交通与其他交通方式衔接，完善快速路、主次干路、支路级配和结构合理的城市道路网，打通道路微循环，提高道路通达性，完善城市步行和非机动车交通系统，提升步行、自行车等出行品质，完善无障碍设施。科学规划建设城市停车设施，加强充电、加氢、加气和公交站点等设施建设。全面提升城市交通基础设施智能化水平。

（三）形成广覆盖的农村交通基础设施网。全面推进"四好农村路"建设，加快实施通村组硬化路建设，建立规范化可持续管护机制。促进交通建设与农村地区资源开发、产业发展有机融合，加强特色农产品优势区与旅游资源富集区交通建设。大力推进革命老区、民族地区、边疆地区、贫困地区、垦区林区交通发展，实现以交通便利带动脱贫减贫，深度贫困地区交通建设项目尽量向进村入户倾斜。推动资源丰富和人口相对密集贫困地区开发性铁路建设，在有条件的地区推进具备旅游、农业作业、应急救援等功能的通用机场建设，加强农村邮政等基础设施建设。

（四）构筑多层级、一体化的综合交通枢纽体系。依托京津冀、长三角、粤港澳大湾区等世界级城市群，打造具有全球竞争力的国际海港枢纽、航空枢纽和邮政快递核心枢纽，建设一批全国性、区域性交通枢纽，推进综合交通枢纽一体化规划建设，提高换乘换装水平，完善集疏运体系。大力发展枢纽经济。

三、交通装备先进适用、完备可控

（一）加强新型载运工具研发。实现 3 万吨级重载列车、时速 250 公里级高速轮轨货运列车等方面的重大突破。加强智能网联汽车（智能汽车、自动驾驶、车路协同）研发，形成自主可控完整的产业链。强化大中型邮轮、大型液化天然气船、极地航行船舶、智能船舶、新能源船舶等自主设计建造能力。完善民用飞机产品谱系，在大型民用飞机、重型直升机、通用航空器等方面取得显著进展。

（二）加强特种装备研发。推进隧道工程、整跨吊运安装设备等工程机械装备研发。研发水下机器人、深潜水装备、大型溢油回收船、大型深远海多功能救助船等新型装备。

（三）推进装备技术升级。推广新能源、清洁能源、智能化、数字化、轻量化、环保型交通装备及成套技术装备。广泛应用智能高铁、智能道路、智能航运、自动化码头、数字管网、智能仓储和分拣系统等新型装备设施，开发新一代智能交通管理系统。提升国产飞机和发动机技术水平，加强民用航空器、发动机研发制造和适航审定体系建设。推广应用交通装备的智能检测监测和运维技术。加速淘汰落后技术和高耗低效交通装备。

四、运输服务便捷舒适、经济高效

（一）推进出行服务快速化、便捷化。构筑以高铁、航空为主体的大容量、高效率区际快速客运服务，提升主要通道旅客运输能力。完善航空服务网络，逐步加密机场网建设，大力发展支线航空，推进干支有效衔接，提高航空服务能力和品质。提高城市群内轨道交通通勤化水平，推广城际道路客运公交化运行模式，打造旅客联程运输系统。加强城市交通拥堵综合治理，优先发展城市公共交通，鼓励引导绿色公交出行，合理引导个体机动化出行。推进城乡客运服务一体化，提升公共服务均等化水平，保障城乡居民行有所乘。

（二）打造绿色高效的现代物流系统。优化运输结构，加快推进港口集疏运铁路、物流园区及大型工矿企业铁路专用线等"公转铁"重点项目建设，推进大宗货物及中长距离货物运输向铁路和水运有序转移。推动铁水、公铁、公水、空陆等联运发展，推广跨方式快速换装转运标准化设施设备，形成统一的多式联运标准和规则。发挥公路货运"门到门"优势。完善航空物流网络，提升航空货运效率。推进电商物流、冷链物流、大件运输、危险品物流等专业化物流发展，促进城际干线运输和城市末端配送有机衔接，鼓励发展集约化配送模式。综合利用多种资源，完善农村配送网络，促进城乡双向流通。落实减税降费政策，优化物流组织模式，提高物流效率，降低物流成本。

（三）加速新业态新模式发展。深化交通运输与旅游融合发展，推动旅游专列、旅游风景道、旅游航道、自驾车房车营地、游艇旅游、低空飞行旅游等发展，完善客运枢纽、高速公路服务区等交通设施旅游服务功能。大力发展共享交通，打造基于移动智能终端技术的服务系统，实现出行即服务。发展"互联网+"高效物流，创新智慧物流营运模式。培育充满活力的通用航空及市域（郊）铁路市场，完善政府购买服务政策，稳步扩大短途运输、公益服务、航空消费等市场规模。建立通达全球的寄递服务体系，推动邮政普遍服务升级换代。加快快递扩容增效和数字化转型，壮大供应链服务、冷链快递、即时直递等新业态新模式，推进智能收投终端和末端公共服务平台建设。积极发展无人机（车）物流递送、城市地下物流配送等。

五、科技创新富有活力、智慧引领

（一）强化前沿关键科技研发。瞄准新一代信息技术、人工智能、智能制造、新材料、新能源等世界科技前沿，加强对可能引发交通产业变革的前瞻性、颠覆性技术研究。强化汽车、民用飞行器、船舶等装备动力传动系统研发，突破高效率、大推力/大功率发动机装备设备关键技术。加强区域综合交通网络协调运营与服务技术、城市综合交通协同管控技术、基于船岸协同的内河航运安全管控与应急搜救技术等研发。合理统筹安排时速600公里级高速磁悬浮系统、时速400公里级高速轮轨（含可变轨距）客运列车系统、低真空管（隧）道高速列车等技术储备研发。

（二）大力发展智慧交通。推动大数据、互联网、人工智能、区块链、超级计算等新技术与交通行业深度融合。推进数据资源赋能交通发展，加速交通基础设施网、运输服务网、能源网与信息网络融合发展，构建泛在先进的交通信息基础设施。构建综合交通大数据中心体系，深化交通公共服务和电子政务发展。推进北斗卫星导航系统应用。

（三）完善科技创新机制。建立以企业为主体、产学研用深度融合的技术创新机制，鼓励交通行业各类创新主体建立创新联盟，建立关键核心技术攻关机制。建设一批具有国际影响力的实验室、试验基地、技术创新中心等创新平台，加大资源开放共享力度，优化科研资金投入机制。构建适应交通高质量发展的标准体系，加强重点领域标准有效供给。

六、安全保障完善可靠、反应快速

（一）提升本质安全水平。完善交通基础设施安全技术标准规范，持续加大基础设施安全防护投入，提升关键基础设施安全防护能力。构建现代化工程建设质量管理体系，推进精品建造和精细管理。强化交通基础设施养护，加强基础设施运行监测检测，提高养护专业化、信息化水平，增强设施耐久性和可靠性。强化载运工具质量治理，保障运输装备安全。

（二）完善交通安全生产体系。完善依法治理体系，健全交通安全生产法规制度和标准规范。完善安全责任体系，强化企业主体责任，明确部门监管责任。完善预防控制体系，有效防控系统性风险，建立交通装备、工程第三方认证制度。强化安全生产事故调查评估。完善网络安全保障体系，增强科技兴安能力，加强交通信息基础设施安全保护。完善支撑保障体系，加强安全设施建设。建立自然灾害交通防治体系，提高交通防灾抗灾能力。加强交通安全综合治理，切实提高交通安全水平。

（三）强化交通应急救援能力。建立健全综合交通应急管理体制机制、法规制度和预案体系，加强应急救援专业装备、设施、队伍建设，积极参与国际应急救援合作。强化应急救援社会协同能力，完善征用补偿机制。

七、绿色发展节约集约、低碳环保

（一）促进资源节约集约利用。加强土地、海域、无居民海岛、岸线、空域等资源节约集约利用，提升用地用海用岛效率。加强老旧设施更新利用，推广施工材料、废旧材料再生和综合利用，推进邮件快件包装绿色化、减量化，提高资源再利用和循环利用水平，推进交通资源循环利用产业发展。

（二）强化节能减排和污染防治。优化交通能源结构，推进新能源、清洁能源应用，促进公路货运节能减排，推动城市公共交通工具和城市物流配送车辆全部实现电动化、新能源化和清洁化。打好柴油货车污染治理攻坚战，统筹油、路、车治理，有效防治公路运输大气污染。严格执行国家和地方污染物控制标准及船舶排放区要求，推进船舶、港口污染防治。降低交通沿线噪声、振动，妥善处理好大型机场噪声影响。开展绿色出行行动，倡导绿色低碳出行理念。

（三）强化交通生态环境保护修复。严守生态保护红线，严格落实生态保护和水土保持措施，严格实施生态修复、地质环境治理恢复与土地复垦,将生态环保理念贯穿交通基础设施规划、建设、运营和养护全过程。推进生态选线选址,强化生态环保设计,避让耕地、林地、湿地等具有重要生态功能的国土空间。建设绿色交通廊道。

八、开放合作面向全球、互利共赢

(一)构建互联互通、面向全球的交通网络。以丝绸之路经济带六大国际经济合作走廊为主体,推进与周边国家铁路、公路、航道、油气管道等基础设施互联互通。提高海运、民航的全球连接度,建设世界一流的国际航运中心,推进21世纪海上丝绸之路建设。拓展国际航运物流,发展铁路国际班列,推进跨境道路运输便利化,大力发展航空物流枢纽,构建国际寄递物流供应链体系,打造陆海新通道。维护国际海运重要通道安全与畅通。

(二)加大对外开放力度。吸引外资进入交通领域,全面落实准入前国民待遇加负面清单管理制度。协同推进自由贸易试验区、中国特色自由贸易港建设。鼓励国内交通企业积极参与"一带一路"沿线交通基础设施建设和国际运输市场合作,打造世界一流交通企业。

(三)深化交通国际合作。提升国际合作深度与广度,形成国家、社会、企业多层次合作渠道。拓展国际合作平台,积极打造交通新平台，吸引重要交通国际组织来华落驻。积极推动全球交通治理体系建设与变革，促进交通运输政策、规则、制度、技术、标准"引进来"和"走出去"，积极参与交通国际组织事务框架下规则、标准制定修订。提升交通国际话语权和影响力。

九、人才队伍精良专业、创新奉献

（一）培育高水平交通科技人才。坚持高精尖缺导向，培养一批具有国际水平的战略科技人才、科技领军人才、青年科技人才和创新团队，培养交通一线创新人才，支持各领域各学科人才进入交通相关产业行业。推进交通高端智库建设，完善专家工作体系。

（二）打造素质优良的交通劳动者大军。弘扬劳模精神和工匠精神，造就一支素质优良的知识型、技能型、创新型劳动者大军。大力培养支撑中国制造、中国创造的交通技术技能人才队伍，构建适应交通发展需要的现代职业教育体系。

（三）建设高素质专业化交通干部队伍。落实建设高素质专业化干部队伍要求，打造一支忠诚干净担当的高素质干部队伍。注重专业能力培养，增强干部队伍适应现代综合交通运输发展要求的能力。加强优秀年轻干部队伍建设，加强国际交通组织人才培养。

十、完善治理体系，提升治理能力

（一）深化行业改革。坚持法治引领，完善综合交通法规体系，推动重点领域法律法规制定修订。不断深化铁路、公路、航道、空域管理体制改革，建立健全适应综合交通一体化发展的体制机制。推动国家铁路企业股份制改造、邮政企业混合所有制改革，支持民营企业健康发展。统筹制定交通发展战略、规划和政策，加快建设现代化综合交通体系。强化规划协同，实现"多规合一"、"多规融合"。

（二）优化营商环境。健全市场治理规则，深入推进简政放权，破除区域壁垒，防止市场垄断，完善运输价格形成机制，构建统一开放、竞争有序的现代交通市场体系。全面实施市场准入负面清单制度，构建以信用为基础的新型监管机制。

（三）扩大社会参与。健全公共决策机制，实行依法决策、民主决策。鼓励交通行业组织积极参与行业治理，引导社会组织依法自治、规范自律，拓宽公众参与交通治理渠道。推动政府信息公开，建立健全公共监督机制。

（四）培育交通文明。推进优秀交通文化传承创新，加强重要交通遗迹遗存、现代交通重大工程的保护利用和精神挖掘，讲好中国交通故事。弘扬以"两路"精神、青藏铁路精神、民航英雄机组等为代表的交通精神，增强行业凝聚力和战斗力。全方位提升交通参与者文明素养，引导文明出行，营造文明交通环境，推动全社会交通文明程度大幅提升。

十一、保障措施

（一）加强党的领导。坚持党的全面领导，充分发挥党总揽全局、协调各方的作用。建立统筹协调的交通强国建设实施工作机制，强化部门协同、上下联动、军地互动，整体有序推进交通强国建设工作。

（二）加强资金保障。深化交通投融资改革，增强可持续发展能力，完善政府主导、分级负责、多元筹资、风险可控的资金保障和运行管理体制。建立健全中央和地方各级财政投入保障制度，鼓励采用多元化市场融资方式拓宽融资渠道，积极引导社会资本参与交通强国建设，强化风险防控机制建设。

（三）加强实施管理。各地区各部门要提高对交通强国建设重大意义的认识，科学制定配套政策和配置公共资源，促进自然资源、环保、财税、金融、投资、产业、贸易等政策与交通强国建设相关政策协同，部署若干重大工程、重大项目，合理规划交通强国建设进程。鼓励有条件的地方和企业在交通强国建设中先行先试。交通运输部要会同有关部门加强跟踪分析和督促指导，建立交通强国评价指标体系，重大事项及时向党中央、国务院报告。

中共中央 国务院
印发《国家综合立体交通网规划纲要》

2021年2月,中共中央、国务院印发了《国家综合立体交通网规划纲要》,并发出通知,要求各地区各部门结合实际认真贯彻落实。

《国家综合立体交通网规划纲要》全文如下。

为加快建设交通强国,构建现代化高质量国家综合立体交通网,支撑现代化经济体系和社会主义现代化强国建设,编制本规划纲要。规划期为2021至2035年,远景展望到本世纪中叶。

一、规划基础

(一)发展现状

改革开放特别是党的十八大以来,在以习近平同志为核心的党中央坚强领导下，我国交通运输发展取得了举世瞩目的成就。基础设施网络基本形成，综合交通运输体系不断完善；运输服务能力和水平大幅提升，人民群众获得感明显增强；科技创新成效显著，设施建造、运输装备技术水平大幅提升；交通运输建设现代化加快推进，安全智慧绿色发展水平持续提高；交通运输对外开放持续扩大，走出去步伐不断加快。交通运输发展有效促进国土空间开发保护、城乡区域协调发展、生产力布局优化，为经济社会发展充分发挥基础性、先导性、战略性和服务性作用，为决胜全面建成小康社会提供了有力支撑。

与此同时，我国交通运输发展还存在一些短板，不平衡不充分问题仍然突出。综合交通网络布局仍需完善，结构有待优化，互联互通和网络韧性还需增强；综合交通统筹融合亟待加强，资源集约利用水平有待提高，交通运输与相关产业协同融合尚需深化，全产业链支撑能力仍需提升；综合交通发展质量效率和服务水平不高，现代物流体系有待完善，科技创新能力、安全智慧绿色发展水平还要进一步提高；交通运输重点领域关键环节改革任务仍然艰巨。

（二）形势要求

当前和今后一个时期，我国发展仍处于重要战略机遇期，但机遇和挑战都有新的发展变化。当今世界正经历百年未有之大变局，新一轮科技革命和产业变革深入发展，国际力量对比深刻调整，和平与发展仍是时代主题，人类命运共同体理念深入人心。同时国际环境日趋复杂，不稳定性不确定性明显增加，新冠肺炎疫情影响广泛深远，经济全球化遭遇逆流，世界进入动荡变革期。我国已转向高质量发展阶段，制度优势显著，经济长期向好，市场空间广阔，发展韧性增强，社会大局稳定，全面建设社会主义现代化国家新征程开启，但发展不平衡不充分问题仍然突出。

国内国际新形势对加快建设交通强国、构建现代化高质量国家综合立体交通网提出了新的更高要求，必须更加突出创新的核心地位，注重交通运输创新驱动和智慧发展；更加突出统筹协调，注重各种运输方式融合发展和城乡区域交通运输协调发展；更加突出绿色发展，注重国土空间开发和生态环境保护；更加突出高水平对外开放，注重对外互联互通和国际供应链开放、安全、稳定；更加突出共享发展，注重建设人民满意交通，满足人民日益增长的美好生活需要。要着力推动交通运输更高质量、更有效率、更加公平、更可持续、更为安全的发展，发挥交通运输在国民经济扩大循环规模、提高循环效率、增强循环动能、降低循环成本、保障循环安全中的重要作用，为全面建设社会主义现代化国家提供有力支撑。

（三）运输需求

旅客出行需求稳步增长，高品质、多样化、个性化的需求不断增强。预计 2021 至 2035 年旅客出行量（含小汽车出行量）年均增速为 3.2% 左右。高铁、民航、小汽车出行占比不断提升，国际旅客出行以及城市群旅客出行需求更加旺盛。东部地区仍将是我国出行需求最为集中的区域，中西部地区出行需求增速加快。

货物运输需求稳中有升，高价值、小批量、时效强的需求快速攀升。预计 2021 至 2035 年全社会货运量年均增速为 2% 左右，邮政快递业务量年均增速为 6.3% 左右。外贸货物运输保持长期增长态势，大宗散货运量未来一段时期保持高位运行状态。东部地区货运需求仍保持较大规模，中西部地区增速将快于东部地区。

二、总体要求

（一）指导思想

以习近平新时代中国特色社会主义思想为指导，深入贯彻党的十九大和十九届二中、三中、四中、五中全会精神，统筹推进"五位一体"总体布局，协调推进"四个全面"战略布局，坚持稳中求进工作总基调，立足新发展阶段，贯彻新发展理念，构建新发展格局，以推动高质量发展为主题，以深化供给侧结构性改革为主线，以改革创新为根本动力，以满足人民日益增长的美好生活需要为根本目的，统筹发展和安全，充分发挥中央和地方两个积极性，更加注重质量效益、一体化融合、创新驱动，打造一流设施、技术、管理、服务，构建便捷顺畅、经济高效、绿色集约、智能先进、安全可靠的现代化高质量国家综合立体交通网，加快建设交通强国，为全面建设社会主义现代化国家当好先行。

（二）工作原则

——服务大局、服务人民。立足全面建设社会主义现代化国家大局，坚持适度超前，推进交通与国土空间开发保护、产业发展、新型城镇化协调发展，促进军民融合发展，有效支撑国家重大战略。立足扩大内需战略基点，拓展投资空间，有效促进国民经济良性循环。坚持以人民为中心，建设人民满意交通，不断增强人民群众的获得感、幸福感、安全感。

——立足国情、改革开放。准确把握新发展阶段要求和资源禀赋气候特征，加强资源节约集约利用，探索中国特色交通运输现代化发展模式和路径。充分发挥市场在资源配置中的决定性作用，更好发挥政府作用，深化交通运输体系改革，破除制约高质量发展的体制机制障碍，构建统一开放竞争有序的交通运输市场。服务"一带一路"建设，加强国际互联互通，深化交通运输开放合作，提高全球运输网络和物流供应链体系安全性、开放性、可靠性。

——优化结构、统筹融合。坚持系统观念，加强前瞻性思考、全局性谋划、战略性布局、整体性推进。加强规划统筹，优化网络布局，创新运输组织，调整运输结构，实现供给和需求更高水平的动态平衡。推动融合发展，加强交通运输资源整合和集约利用，促进交通运输与相关产业深度融合。强化衔接联通，提升设施网络化和运输服务一体化水平，提升综合交通运输整体效率。

——创新智慧、安全绿色。坚持创新核心地位，注重科技赋能，促进交通运输提效能、扩功能、增动能。推进交通基础设施数字化、网联化，提升交通运输智慧发展水平。统筹发展和安全，加强交通运输安全与应急保障能力建设。加快推进绿色低碳发展，交通领域二氧化碳排放尽早达峰，降低污染物及温室气体排放强度，注重生态环境保护修复，促进交通与自然和谐发展。

（三）发展目标

到 2035 年，基本建成便捷顺畅、经济高效、绿色集约、智能先进、安全可靠的现代化高质量国家综合立体交通网，实现国际国内互联互通、全国主要城市立体畅达、县级节点有效覆盖，有力支撑"全国 123 出行交通圈"（都市区 1 小时通勤、城市群 2 小时通达、全国主要城市 3 小时覆盖）和"全球 123 快货物流圈"（国内 1 天送达、周边国家 2 天送达、全球主要城市 3 天送达）。交通基础设施质量、智能化与绿色化水平居世界前列。交通运输全面适应人民日益增长的美好生活需要，有力保障国家安全，支撑我国基本实现社会主义现代化。

专栏一：2035 年发展目标

便捷顺畅。享受快速交通服务的人口比重大幅提升，除部分边远地区外，基本实现全国县级行政中心 15 分钟上国道、30 分钟上高速公路、60 分钟上铁路，市地级行政中心 45 分钟上高速铁路、60 分钟到机场。基本实现地级市之间当天可达。中心城区至综合客运枢纽半小时到达，中心城区综合客运枢纽之间公共交通转换时间不超过 1 小时。交通基础设施无障碍化率大幅提升，旅客出行全链条便捷程度显著提高，基本实现"全国 123 出行交通圈"。

经济高效。国家综合立体交通网设施利用更加高效，多式联运占比、换装效率显著提高，运输结构更加优化，物流成本进一步降低，交通枢纽基本具备寄递功能，实现与寄递枢纽的无缝衔接，基本实现"全球 123 快货物流圈"。

绿色集约。综合运输通道资源利用的集约化、综合化水平大幅提高。基本实现交通基础设施建设全过程、全周期绿色化。单位运输周转量能耗不断降低，二氧化碳排放强度比 2020 年显著下降，交通污染防治达到世界先进水平。

智能先进。基本实现国家综合立体交通网基础设施全要素全周期数字化。基本建成泛在先进的交通信息基础设施，实现北斗时空信息服务、交通运输感知全覆盖。智能列车、智能网联汽车（智能汽车、自动驾驶、车路协同）、智能化通用航空器、智能船舶及邮政快递设施的技术达到世界先进水平。

安全可靠。交通基础设施耐久性和有效性显著增强，设施安全隐患防治能力大幅提升。交通网络韧性和应对各类重大风险能力显著提升，重要物资运输高效可靠。基本建成陆海空天立体协同的交通安全监管和救助体系。交通安全水平达到世界前列，有效保障人民生命财产和国家总体安全。

国家综合立体交通网 2035 年主要指标表

序号	指标		目 标 值
1	便捷顺畅	享受1小时内快速交通服务的人口占比	80%以上
2		中心城区至综合客运枢纽半小时可达率	90%以上
3	经济高效	多式联运换装1小时完成率	90%以上
4		国家综合立体交通网主骨架能力利用率	60%—85%
5	绿色集约	主要通道新增交通基础设施多方式国土空间综合利用率提高比例	80%
6		交通基础设施绿色化建设比例	95%
7	智能先进	交通基础设施数字化率	90%
8	安全可靠	重点区域多路径连接比率	95%以上
9		国家综合立体交通网安全设施完好率	95%以上

到本世纪中叶，全面建成现代化高质量国家综合立体交通网，拥有世界一流的交通基础设施体系，交通运输供需有效平衡、服务优质均等、安全有力保障。新技术广泛应用，实现数字化、网络化、智能化、绿色化。出行安全便捷舒适，物流高效经济可靠，实现"人享其行、物优其流"，全面建成交通强国，为全面建成社会主义现代化强国当好先行。

三、优化国家综合立体交通布局

（一）构建完善的国家综合立体交通网

国家综合立体交通网连接全国所有县级及以上行政区、边境口岸、国防设施、主要景区等。以统筹融合为导向，着力补短板、重衔接、优网络、提效能，更加注重存量资源优化利用和增量供给质量提升。完善铁路、公路、水运、民航、邮政快递等基础设施网络，构建以铁路为主干，以公路为基础，水运、民航比较优势充分发挥的国家综合立体交通网。

到 2035 年，国家综合立体交通网实体线网总规模合计 70 万公里左右（不含国际陆路通道境外段、空中及海上航路、邮路里程）。其中铁路 20 万公里左右，公路 46 万公里左右，高等级航道 2.5 万公里左右。沿海主要港口 27 个，内河主要港口 36 个，民用运输机场 400 个左右，邮政快递枢纽 80 个左右。

专栏二：国家综合立体交通网布局

1. 铁路。国家铁路网包括高速铁路、普速铁路。其中，高速铁路 7 万公里（含部分城际铁路），普速铁路 13 万公里（含部分市域铁路），合计 20 万公里左右。形成由"八纵八横"高速铁路主通道为骨架、区域性高速铁路衔接的高速铁路网；由若干条纵横普速铁路主通道为骨架、区域性普速铁路衔接的普速铁路网；京津冀、长三角、粤港澳大湾区、成渝地区双城经济圈等重点城市群率先建成城际铁路网，其他城市群城际铁路逐步成网。研究推进超大城市间高速磁悬浮通道布局和试验线路建设。

2. 公路。包括国家高速公路网、普通国道网，合计 46 万公里左右。其中，国家高速公路网 16 万公里左右，由 7 条首都放射线、11 条纵线、18 条横线及若干条地区环线、都市圈环线、城市绕城环线、联络线、并行线组成；普通国道网 30 万公里左右，由 12 条首都放射线、47 条纵线、60 条横线及若干条联络线组成。

3. 水运。包括国家航道网和全国主要港口。国家航道网由国家高等级航道和国境国际通航河流航道组成。其中，"四纵四横两网"的国家高等级航道 2.5 万公里左右；国境国际通航河流主要包括黑龙江、额尔古纳河、鸭绿江、图们江、瑞丽江、澜沧江、红河等。

全国主要港口合计63个,其中沿海主要港口27个、内河主要港口36个。

4. 民航。包括国家民用运输机场和国家航路网。国家民用运输机场合计400个左右,基本建成以世界级机场群、国际航空(货运)枢纽为核心,区域枢纽为骨干,非枢纽机场和通用机场为重要补充的国家综合机场体系。按照突出枢纽、辐射区域、分层衔接、立体布局,先进导航技术为主、传统导航技术为辅的要求,加快繁忙地区终端管制区建设,加快构建结构清晰、衔接顺畅的国际航路航线网络;构建基于大容量通道、平行航路、单向循环等先进运行方式的高空航路航线网络;构建基于性能导航为主、传统导航为辅的适应各类航空用户需求的中低空航路航线网络。

5. 邮政快递。包括国家邮政快递枢纽和邮路。国家邮政快递枢纽主要由北京天津雄安、上海南京杭州、武汉(鄂州)郑州长沙、广州深圳、成都重庆西安等5个全球性国际邮政快递枢纽集群、20个左右区域性国际邮政快递枢纽、45个左右全国性邮政快递枢纽组成。依托国家综合立体交通网,布局航空邮路、铁路邮路、公路邮路、水运邮路。

(二)加快建设高效率国家综合立体交通网主骨架

国家综合立体交通网主骨架由国家综合立体交通网中最为关键的线网构成,是我国区域间、城市群间、省际间以及连通国际运输的主动脉,是支撑国土空间开发保护的主轴线,也是各种运输方式资源配置效率最高、运输强度最大的骨干网络。

依据国家区域发展战略和国土空间开发保护格局,结合未来交通运输发展和空间分布特点,将重点区域按照交通运输需求量级划分为3类。京津冀、长三角、粤港澳大湾区和成渝地区双城经济圈4个地区作为极,长江中游、山东半岛、海峡西岸、中原地区、哈长、辽中南、北部湾和关中平原8个地区作为组群，呼包鄂榆、黔中、滇中、山西中部、天山北坡、兰西、宁夏沿黄、拉萨和喀什 9 个地区作为组团。按照极、组群、组团之间交通联系强度，打造由主轴、走廊、通道组成的国家综合立体交通网主骨架。国家综合立体交通网主骨架实体线网里程 29 万公里左右，其中国家高速铁路 5.6 万公里、普速铁路 7.1 万公里；国家高速公路 6.1 万公里、普通国道 7.2 万公里；国家高等级航道 2.5 万公里。

加快构建 6 条主轴。加强京津冀、长三角、粤港澳大湾区、成渝地区双城经济圈 4 极之间联系，建设综合性、多通道、立体化、大容量、快速化的交通主轴。拓展 4 极辐射空间和交通资源配置能力，打造我国综合立体交通协同发展和国内国际交通衔接转换的关键平台，充分发挥促进全国区域发展南北互动、东西交融的重要作用。

加快构建 7 条走廊。强化京津冀、长三角、粤港澳大湾区、成渝地区双城经济圈 4 极的辐射作用，加强极与组群和组团之间联系，建设京哈、京藏、大陆桥、西部陆海、沪昆、成渝昆、广昆等多方式、多通道、便捷化的交通走廊，优化完善多中心、网络化的主骨架结构。

加快构建 8 条通道。强化主轴与走廊之间的衔接协调，加强组群与组团之间、组团与组团之间联系，加强资源产业集聚地、重要口岸的连接覆盖，建设绥满、京延、沿边、福银、二湛、川藏、湘桂、厦蓉等交通通道，促进内外连通、通边达海，扩大中西部和东北地区交通网络覆盖。

专栏三：国家综合立体交通网主骨架布局

6条主轴：

京津冀—长三角主轴。路径1：北京经天津、沧州、青岛至杭州。路径2：北京经天津、沧州、济南、蚌埠至上海。路径3：北京经天津、潍坊、淮安至上海。路径4：天津港至上海港沿海海上路径。

京津冀—粤港澳主轴。路径1：北京经雄安、衡水、阜阳、九江、赣州至香港（澳门）。支线：阜阳经黄山、福州至台北。路径2：北京经石家庄、郑州、武汉、长沙、广州至深圳。

京津冀—成渝主轴。路径1：北京经石家庄、太原、西安至成都。路径2：北京经太原、延安、西安至重庆。

长三角—粤港澳主轴。路径1：上海经宁波、福州至深圳。路径2：上海经杭州、南平至广州。路径3：上海港至湛江港沿海海上路径。

长三角—成渝主轴。路径1：上海经南京、合肥、武汉、万州至重庆。路径2：上海经九江、武汉、重庆至成都。

粤港澳—成渝主轴。路径1：广州经桂林、贵阳至成都。路径2：广州经永州、怀化至重庆。

7条走廊：

京哈走廊。路径1：北京经沈阳、长春至哈尔滨。路径2：北京经承德、沈阳、长春至哈尔滨。支线1：沈阳经大连至青岛。支线2：沈阳至丹东。

京藏走廊。路径1：北京经呼和浩特、包头、银川、兰州、格尔木、拉萨至亚东。支线：秦皇岛经大同至鄂尔多斯。路径2：青岛经济南、石家庄、太原、银川、西宁至拉萨。支线：黄骅经忻州至包头。

大陆桥走廊。路径1：连云港经郑州、西安、西宁、乌鲁木齐至霍尔果斯/阿拉山口。路径2：上海经南京、合肥、南阳至西安。支线：南京经平顶山至洛阳。

西部陆海走廊。路径1：西宁经兰州、成都/重庆、贵阳、南宁、湛江至三亚。路径2：甘其毛都经银川、宝鸡、重庆、毕节、百色至南宁。

沪昆走廊。路径1：上海经杭州、上饶、南昌、长沙、怀化、贵阳、昆明至瑞丽。路径2：上海经杭州、景德镇、南昌、长沙、吉首、遵义至昆明。

成渝昆走廊。路径1：成都经攀枝花、昆明至磨憨/河口。路径2：重庆经昭通至昆明。

广昆走廊。路径1：深圳经广州、梧州、南宁、兴义、昆明至瑞丽。路径2：深圳经湛江、南宁、文山至昆明。

8条通道：

绥满通道。绥芬河经哈尔滨至满洲里。支线1：哈尔滨至同江。支线2：哈尔滨至黑河。

京延通道。北京经承德、通辽、长春至珲春。

沿边通道。黑河经齐齐哈尔、乌兰浩特、呼和浩特、临河、哈密、乌鲁木齐、库尔勒、喀什、阿里至拉萨。支线1：喀什至红其拉甫。支线2：喀什至吐尔尕特。

福银通道。福州经南昌、武汉、西安至银川。支线：西安经延安至包头。

二湛通道。二连浩特经大同、太原、洛阳、南阳、宜昌、怀化、桂林至湛江。

川藏通道。成都经林芝至樟木。

湘桂通道。长沙经桂林、南宁至凭祥。

厦蓉通道。厦门经赣州、长沙、黔江、重庆至成都。

（三）建设多层级一体化国家综合交通枢纽系统

建设综合交通枢纽集群、枢纽城市及枢纽港站"三位一体"的国家综合交通枢纽系统。建设面向世界的京津冀、长三角、粤港澳大湾区、成渝地区双城经济圈4大国际性综合交通枢纽集群。加快建设20个左右国际性综合交通枢纽城市以及 80 个左右全国性综合交通枢纽城市。推进一批国际性枢纽港站、全国性枢纽港站建设。

专栏四：国际性综合交通枢纽

1. 国际性综合交通枢纽集群

形成以北京、天津为中心联动石家庄、雄安等城市的京津冀枢纽集群，以上海、杭州、南京为中心联动合肥、宁波等城市的长三角枢纽集群，以广州、深圳、香港为核心联动珠海、澳门等城市的粤港澳大湾区枢纽集群，以成都、重庆为中心的成渝地区双城经济圈枢纽集群。

2. 国际性综合交通枢纽城市

建设北京、天津、上海、南京、杭州、广州、深圳、成都、重庆、沈阳、大连、哈尔滨、青岛、厦门、郑州、武汉、海口、昆明、西安、乌鲁木齐等 20 个左右国际性综合交通枢纽城市。

3. 国际性综合交通枢纽港站

——国际铁路枢纽和场站：在北京、上海、广州、重庆、成都、西安、郑州、武汉、长沙、乌鲁木齐、义乌、苏州、哈尔滨等城市以及满洲里、绥芬河、二连浩特、阿拉山口、霍尔果斯等口岸建设具有较强国际运输服务功能的铁路枢纽场站。

——国际枢纽海港：发挥上海港、大连港、天津港、青岛港、连云港港、宁波舟山港、厦门港、深圳港、广州港、北部湾港、洋浦港等国际枢纽海港作用，巩固提升上海国际航运中心地位，加快建设辐射全球的航运枢纽，推进天津北方、厦门东南、大连东北亚等国际航运中心建设。

——国际航空（货运）枢纽：巩固北京、上海、广州、成都、昆明、深圳、重庆、西安、乌鲁木齐、哈尔滨等国际航空枢纽地位，推进郑州、天津、合肥、鄂州等国际航空货运枢纽建设。

——国际邮政快递处理中心：在国际邮政快递枢纽城市和口岸城市，依托国际航空枢纽、国际铁路枢纽、国际枢纽海港、公路口岸等建设 40 个左右国际邮政快递处理中心。

（四）完善面向全球的运输网络

围绕陆海内外联动、东西双向互济的开放格局，着力形成功能完备、立体互联、陆海空统筹的运输网络。发展多元化国际运输通道，重点打造新亚欧大陆桥、中蒙俄、中国—中亚—西亚、中国—中南半岛、中巴、中尼印和孟中印缅等7条陆路国际运输通道。发展以中欧班列为重点的国际货运班列，促进国际道路运输便利化。强化国际航运中心辐射能力，完善经日韩跨太平洋至美洲，经东南亚至大洋洲，经东南亚、南亚跨印度洋至欧洲和非洲，跨北冰洋的冰上丝绸之路等4条海上国际运输通道，保障原油、铁矿石、粮食、液化天然气等国家重点物资国际运输，拓展国际海运物流网络，加快发展邮轮经济。依托国际航空枢纽，构建四通八达、覆盖全球的空中客货运输网络。建设覆盖五洲、连通全球、互利共赢、协同高效的国际干线邮路网。

四、推进综合交通统筹融合发展

（一）推进各种运输方式统筹融合发展

统筹综合交通通道规划建设。强化国土空间规划对基础设施规划建设的指导约束作用，加强与相关规划的衔接协调。节约集约利用通道线位资源、岸线资源、土地资源、空域资源、水域资源，促进交通通道由单一向综合、由平面向立体发展，减少对空间的分割，提高国土空间利用效率。统筹考虑多种运输方式规划建设协同和新型运输方式探索应用，实现陆水空多种运输方式相互协同、深度融合。用好用足既有交通通道，加强过江、跨海、穿越环境敏感区通道基础设施建设方案论证，推动铁路、公路等线性基础设施的线位统筹和断面空间整合。加强综合交通通道与通信、能源、水利等基础设施统筹，提高通道资源利用效率。

推进综合交通枢纽一体化规划建设。推进综合交通枢纽及邮政快递枢纽统一规划、统一设计、统一建设、协同管理。推动新建综合客运枢纽各种运输方式集中布局，实现空间共享、立体或同台换乘，打造全天候、一体化换乘环境。推动既有综合客运枢纽整合交通设施、共享服务功能空间。加快综合货运枢纽多式联运换装设施与集疏运体系建设，统筹转运、口岸、保税、邮政快递等功能，提升多式联运效率与物流综合服务水平。按照站城一体、产城融合、开放共享原则，做好枢纽发展空间预留、用地功能管控、开发时序协调。

专栏五：综合交通枢纽一体化规划建设要求

1. 综合客运枢纽

综合客运枢纽内各种运输方式间换乘便捷、公共换乘设施完备，客流量大的客运枢纽应考虑安全缓冲。加强干线铁路、城际铁路、市域（郊）铁路、城市轨道交通规划与机场布局规划的衔接，国际航空枢纽基本实现2条以上轨道交通衔接。全国性铁路综合客运枢纽基本实现2条以上市域（郊）铁路或城市轨道衔接。国际性和全国性综合交通枢纽城市内轨道交通规划建设优先衔接贯通所在城市的综合客运枢纽,不同综合客运枢纽间换乘次数不超过 2 次。铁路综合客运枢纽与城市轨道交通站点应一体设计、同步建设、同期运营。

2．综合货运枢纽

综合货运枢纽与国家综合立体交通网顺畅衔接。千万标箱港口规划建设综合货运通道与内陆港系统。全国沿海、内河主要港口的集装箱、大宗干散货规模化港区积极推动铁路直通港区,重要港区新建集装箱、大宗干散货作业区原则上同步规划建设进港铁路,推进港铁协同管理。提高机场的航空快件保障能力和处理效率,国际航空货运枢纽在更大空间范围内统筹集疏运体系规划,建设快速货运通道。

推动城市内外交通有效衔接。推动干线铁路、城际铁路、市域(郊)铁路融合建设,并做好与城市轨道交通衔接协调,构建运营管理和服务"一张网",实现设施互联、票制互通、安检互认、信息共享、支付兼容。加强城市周边区域公路与城市道路高效对接,系统优化进出城道路网络,推动规划建设统筹和管理协同,减少对城市的分割和干扰。完善城市物流配送系统,加强城际干线运输与城市末端配送有机衔接。加强铁路、公路客运枢纽及机场与城市公交网络系统有机整合,引导城市沿大容量公共交通廊道合理、有序发展。

(二)推进交通基础设施网与运输服务网、信息网、能源网融合发展

推进交通基础设施网与运输服务网融合发展。推进基础设施、装备、标准、信息与管理的有机衔接,提高交通运输网动态运行管理服务智能化水平,打造以全链条快速化为导向的便捷运输服务网，构建空中、水上、地面与地下融合协同的多式联运网络，完善供应链服务体系。

推进交通基础设施网与信息网融合发展。加强交通基础设施与信息基础设施统筹布局、协同建设，推动车联网部署和应用，强化与新型基础设施建设统筹，加强载运工具、通信、智能交通、交通管理相关标准跨行业协同。

推进交通基础设施网与能源网融合发展。推进交通基础设施与能源设施统筹布局规划建设，充分考虑煤炭、油气、电力等各种能源输送特点，强化交通与能源基础设施共建共享，提高设施利用效率，减少能源资源消耗。促进交通基础设施网与智能电网融合，适应新能源发展要求。

（三）推进区域交通运输协调发展

推进重点区域交通运输统筹发展。建设"轨道上的京津冀"，加快推进京津冀地区交通一体化，建设世界一流交通体系，高标准、高质量建设雄安新区综合交通运输体系。建设"轨道上的长三角"、辐射全球的航运枢纽，打造交通高质量发展先行区，提升整体竞争力和影响力。粤港澳大湾区实现高水平互联互通，打造西江黄金水道，巩固提升港口群、机场群的国际竞争力和辐射带动力，建成具有全球影响力的交通枢纽集群。成渝地区双城经济圈以提升对外连通水平为导向，强化门户枢纽功能，构建一体化综合交通运输体系。建设东西畅通、南北辐射、有效覆盖、立体互联的长江经济带现代化综合立体交通走廊。支持海南自由贸易港建设，推动西部陆海新通道国际航运枢纽和航空枢纽建设，加快构建现代综合交通运输体系。统筹黄河流域生态环境保护与交通运输高质量发展，优化交通基础设施空间布局。

推进东部、中部、西部和东北地区交通运输协调发展。加速东部地区优化升级，提高人口、经济密集地区交通承载力，强化对外开放国际运输服务功能。推进中部地区大通道大枢纽建设，更好发挥承东启西、连南接北功能。强化西部地区交通基础设施布局，推进西部陆海新通道建设，打造东西双向互济对外开放通道网络。优化枢纽布局，完善枢纽体系，发展通用航空，改善偏远地区居民出行条件。推动东北地区交通运输发展提质增效，强化与京津冀等地区通道能力建设，打造面向东北亚对外开放的交通枢纽。支持革命老区、民族地区、边疆地区交通运输发展，推进沿边沿江沿海交通建设。

推进城市群内部交通运输一体化发展。构建便捷高效的城际交通网，加快城市群轨道交通网络化，完善城市群快速公路网络，加强城市交界地区道路和轨道顺畅连通，基本实现城市群内部2小时交通圈。加强城市群内部重要港口、站场、机场的路网连通性，促进城市群内港口群、机场群统筹资源利用、信息共享、分工协作、互利共赢，提高城市群交通枢纽体系整体效率和国际竞争力。统筹城际网络、运力与运输组织，提高运输服务效率。研究布局综合性通用机场，疏解繁忙机场的通用航空活动，发展城市直升机运输服务，构建城市群内部快速空中交通网络。建立健全城市群内交通运输协同发展体制机制，推动相关政策、法规、标准等一体化。

推进都市圈交通运输一体化发展。建设中心城区连接卫星城、新城的大容量、快速化轨道交通网络，推进公交化运营，加强道路交通衔接，打造1小时"门到门"通勤圈。推动城市道路网结构优化，形成级配合理、接入顺畅的路网系统。有序发展共享交通，加强城市步行和自行车等慢行交通系统建设，合理配置停车设施，开展人行道净化行动，因地制宜建设自行车专用道，鼓励公众绿色出行。深入实施公交优先发展战略，构建以城市轨道交通为骨干、常规公交为主体的城市公共交通系统，推进以公共交通为导向的城市土地开发模式，提高城市绿色交通分担率。超大城市充分利用轨道交通地下空间和建筑，优化客流疏散。

推进城乡交通运输一体化发展。统筹规划地方高速公路网，加强与国道、农村公路以及其他运输方式的衔接协调，构建功能明确、布局合理、规模适当的省道网。加快推动乡村交通基础设施提档升级，全面推进"四好农村路"建设，实现城乡交通基础设施一体化规划、建设、管护。畅通城乡交通运输连接，推进县乡村（户）道路连通、城乡客运一体化，解决好群众出行"最后一公里"问题。提高城乡交通运输公共服务均等化水平，巩固拓展交通运输脱贫攻坚成果同乡村振兴有效衔接。

(四) 推进交通与相关产业融合发展

推进交通与邮政快递融合发展。推动在铁路、机场、城市轨道等交通场站建设邮政快递专用处理场所、运输通道、装卸设施。在重要交通枢纽实现邮件快件集中安检、集中上机(车)，发展航空、铁路、水运快递专用运载设施设备。推动不同运输方式之间邮件快件装卸标准、跟踪数据等有效衔接，实现信息共享。发展航空快递、高铁快递，推动邮件快件多式联运，实现跨领域、跨区域和跨运输方式顺畅衔接，推进全程运输透明化。推进乡村邮政快递网点、综合服务站、汽车站等设施资源整合共享。

推进交通与现代物流融合发展。加强现代物流体系建设，优化国家物流大通道和枢纽布局，加强国家物流枢纽应急、冷链、分拣处理等功能区建设，完善与口岸衔接，畅通物流大通道与城市配送网络交通线网连接，提高干支衔接能力和转运分拨效率。加快构建农村物流基础设施骨干网络和末端网络。发展高铁快运，推动双层集装箱铁路运输发展。加快航空物流发展，加强国际航空货运能力建设。培育壮大一批具有国际竞争力的现代物流企业，鼓励企业积极参与全球供应链重构与升级，依托综合交通枢纽城市建设全球供应链服务中心，打造开放、安全、稳定的全球物流供应链体系。

推进交通与旅游融合发展。充分发挥交通促进全域旅游发展的基础性作用,加快国家旅游风景道、旅游交通体系等规划建设,打造具有广泛影响力的自然风景线。强化交通网"快进慢游"功能,加强交通干线与重要旅游景区衔接。完善公路沿线、服务区、客运枢纽、邮轮游轮游艇码头等旅游服务设施功能,支持红色旅游、乡村旅游、度假休闲旅游、自驾游等相关交通基础设施建设,推进通用航空与旅游融合发展。健全重点旅游景区交通集散体系,鼓励发展定制化旅游运输服务,丰富邮轮旅游服务,形成交通带动旅游、旅游促进交通发展的良性互动格局。

推进交通与装备制造等相关产业融合发展。加强交通运输与现代农业、生产制造、商贸金融等跨行业合作,发展交通运输平台经济、枢纽经济、通道经济、低空经济。支持交通装备制造业延伸服务链条,促进现代装备在交通运输领域应用,带动国产航空装备的产业化、商业化应用,强化交通运输与现代装备制造业的相互支撑。推动交通运输与生产制造、流通环节资源整合,鼓励物流组织模式与业态创新。推进智能交通产业化。

五、推进综合交通高质量发展

(一)推进安全发展

提升安全保障能力。加强交通运输安全风险预警、防控机制和能力建设。加快推进城市群、重点地区、重要口岸、主要产业及能源基地、自然灾害多发地区多通道、多方式、多路径建设，提升交通网络系统韧性和安全性。健全粮食、能源等战略物资运输保障体系，提升产业链、供应链安全保障水平。加强通道安全保障、海上巡航搜救打捞、远洋深海极地救援能力建设，健全交通安全监管体系和搜寻救助系统。健全关键信息基础设施安全保护体系，提升车联网、船联网等重要融合基础设施安全保障能力，加强交通信息系统安全防护，加强关键技术创新力度，提升自主可控能力。提升交通运输装备安全水平。健全安全宣传教育体系，强化全民安全意识和法治意识。

提高交通基础设施安全水平。建立完善现代化工程建设和运行质量全寿命周期安全管理体系，健全交通安全生产法规制度和标准规范。强化交通基础设施预防性养护维护、安全评估，加强长期性能观测，完善数据采集、检测诊断、维修处治技术体系，加大病害治理力度，及时消除安全隐患。推广使用新材料新技术新工艺，提高交通基础设施质量和使用寿命。完善安全责任体系，创新安全管理模式，强化重点交通基础设施建设、运行安全风险防控，全面改善交通设施安全水平。

完善交通运输应急保障体系。建立健全多部门联动、多方式协同、多主体参与的综合交通应急运输管理协调机制，完善科学协调的综合交通应急运输保障预案体系。构建应急运输大数据中心，推动信息互联共享。构建快速通达、衔接有力、功能适配、安全可靠的综合交通应急运输网络。提升应急运输装备现代化、专业化和智能化水平，推动应急运输标准化、模块化和高效化。统筹陆域、水域和航空应急救援能力建设，建设多层级的综合运输应急装备物资和运力储备体系。科学规划布局应急救援基地、消防救援站等，加强重要通道应急装备、应急通信、物资储运、防灾防疫、污染应急处置等配套设施建设，提高设施快速修复能力和应对突发事件能力。建立健全行业系统安全风险和重点安全风险监测防控体系，强化危险货物运输全过程、全网络监测预警。

（二）推进智慧发展

提升智慧发展水平。加快提升交通运输科技创新能力，推进交通基础设施数字化、网联化。推动卫星通信技术、新一代通信技术、高分遥感卫星、人工智能等行业应用，打造全覆盖、可替代、保安全的行业北斗高精度基础服务网，推动行业北斗终端规模化应用。构建高精度交通地理信息平台，加快各领域建筑信息模型技术自主创新应用。全方位布局交通感知系统，与交通基础设施同步规划建设，部署关键部位主动预警设施，提升多维监测、精准管控、协同服务能力。加强智能化载运工具和关键专用装备研发，推进智能网联汽车（智能汽车、自动驾驶、车路协同）、智能化通用航空器应用。鼓励物流园区、港口、机场、货运场站广泛应用物联网、自动化等技术，推广应用自动化立体仓库、引导运输车、智能输送分拣和装卸设备。构建综合交通大数据中心体系，完善综合交通运输信息平台。完善科技资源开放共享机制，建设一批具有国际影响力的创新平台。

加快既有设施智能化。利用新技术赋能交通基础设施发展，加强既有交通基础设施提质升级，提高设施利用效率和服务水平。运用现代控制技术提升铁路全路网列车调度指挥和运输管理智能化水平。推动公路路网管理和出行信息服务智能化，完善道路交通监控设备及配套网络。加强内河高等级航道运行状态在线监测，推动船岸协同、自动化码头和堆场发展。发展新一代空管系统，推进空中交通服务、流量管理和空域管理智能化，推进各方信息共享。推动智能网联汽车与智慧城市协同发展，建设城市道路、建筑、公共设施融合感知体系，打造基于城市信息模型平台、集城市动态静态数据于一体的智慧出行平台。

（三）推进绿色发展和人文建设

推进绿色低碳发展。促进交通基础设施与生态空间协调，最大限度保护重要生态功能区、避让生态环境敏感区，加强永久基本农田保护。实施交通生态修复提升工程，构建生态化交通网络。加强科研攻关，改进施工工艺，从源头减少交通噪声、污染物、二氧化碳等排放。加大交通污染监测和综合治理力度，加强交通环境风险防控，落实生态补偿机制。优化调整运输结构，推进多式联运型物流园区、铁路专用线建设，形成以铁路、水运为主的大宗货物和集装箱中长距离运输格局。加强可再生能源、新能源、清洁能源装备设施更新利用和废旧建材再生利用，促进交通能源动力系统清洁化、低碳化、高效化发展，推进快递包装绿色化、减量化、可循环。

加强交通运输人文建设。完善交通基础设施、运输装备功能配置和运输服务标准规范体系，满足不同群体出行多样化、个性化要求。加强无障碍设施建设，完善无障碍装备设备，提高特殊人群出行便利程度和服务水平。健全老年人交通运输服务体系，满足老龄化社会交通需求。创新服务模式，提升运输服务人性化、精细化水平。加强交通文明宣传教育，弘扬优秀交通文化，提高交通参与者守法意识和道德水平。

（四）提升治理能力

深化交通运输行业改革。深化简政放权、放管结合、优化服务改革，持续优化营商环境，形成统一开放竞争有序的交通运输市场。建立健全适应国家综合立体交通高质量发展的体制机制，完善综合交通运输发展战略规划政策体系。推进铁路行业竞争性环节市场化改革，深化国家空管体制改革，实现邮政普遍服务业务与竞争性业务分业经营。完善交通运输与国土空间开发、城乡建设、生态环境保护等政策协商机制，推进多规融合，提高政策统一性、规则一致性和执行协同性。加快制定综合交通枢纽、多式联运、新业态新模式等标准规范，加强不同运输方式标准统筹协调，构建符合高质量发展的标准体系。加强交通国际交流合作，积极参与国际交通组织，推动标准国际互认，提升中国标准的国际化水平。以大数据、信用信息共享为基础，构建综合交通运输新型治理机制。

加强交通运输法治建设。坚持法治引领，深化交通运输法治政府部门建设。推动综合交通等重点立法项目制定修订进程，促进不同运输方式法律制度的有效衔接，完善综合交通法规体系。全面加强规范化建设，提升交通运输执法队伍能力和水平，严格规范公正文明执法。落实普法责任制，营造行业良好法治环境，把法治要求贯穿于综合交通运输规划、建设、管理、运营服务、安全生产各环节全过程。

加强交通运输人才队伍建设。优化人才队伍结构，加强跨学科科研队伍建设，造就一批有影响力的交通科技领军人才和创新团队。弘扬劳模精神、工匠精神，完善人才引进、培养、使用、评价、流动、激励体制机制和以社会主义核心价值观引领行业文化建设的治理机制。加强创新型、应用型、技能型人才培养，建设忠诚干净担当的高素质干部队伍，造就一支素质优良的劳动者大军。

六、保障措施

（一）加强党的领导

坚持和加强党的全面领导，增强"四个意识"、坚定"四个自信"、做到"两个维护"，充分发挥党总揽全局、协调各方的领导核心作用，始终把党的领导贯穿到加快建设交通强国全过程，充分发挥各级党组织在推进国家综合立体交通网建设发展中的作用，激励干部担当作为，全面调动各级干部干事创业的积极性、主动性和创造性，不断提高贯彻新发展理念、构建新发展格局、推动高质量发展能力和水平，为实现本规划纲要目标任务提供根本保证。

（二）加强组织协调

加强本规划纲要实施组织保障体系建设，建立健全实施协调推进机制，强化部门协同和上下联动，推动各类交通基础设施统筹规划、协同建设。财政、自然资源、住房城乡建设、生态环境等部门要细化完善财政、用地、用海、城乡建设、环保等配套政策及标准规范。健全本规划纲要与各类各级规划衔接机制。

（三）加强资源支撑

加强国家综合立体交通网规划项目土地等资源供给，规划、建设过程严格用地控制，突出立体、集约、节约思维，提高交通用地复合程度，盘活闲置交通用地资源，完善公共交通引导土地开发的相关政策。建立国土空间规划等相关规划与交通规划协调机制和动态调整管理政策。

（四）加强资金保障

建立完善与交通运输发展阶段特征相适应的资金保障制度，落实中央与地方在交通运输领域的财政事权和支出责任，确保各交通专项资金支持交通发展。创新投融资政策，健全与项目资金需求和期限相匹配的长期资金筹措渠道。构建形成效益增长与风险防控可持续发展的投资机制，防范化解债务风险。健全公益性基础设施建设运营支持政策体系，加大对欠发达地区和边境地区支持力度。进一步调整完善支持邮政、水运等发展的资金政策。支持各类金融机构依法合规为市场化运作的交通发展提供融资，引导社会资本积极参与交通基础设施建设。

（五）加强实施管理

建立综合交通规划管理制度。本规划纲要实施过程中要加强与国民经济和社会发展、国土空间、区域发展、流域等相关规划衔接，与城乡建设发展相统筹。各地在编制交通运输相关规划中，要与本规划纲要做好衔接，有关项目纳入国土空间规划和相关专项规划。交通运输部要会同有关部门加强本规划纲要实施动态监测与评估，组织开展交通强国建设试点工作，在通道、枢纽、技术创新、安全绿色低碳等方面科学论证并组织实施一批重大工程，强化本规划纲要实施进展统计与监测工作，定期开展规划评估，依据国家发展规划进行动态调整或修订。重大事项及时向党中央、国务院报告。

附件：国家综合立体交通网主骨架布局示意图（略）

全面构建现代化高质量国家综合立体交通网

杨传堂　李小鹏

2021年2月，中共中央、国务院印发《国家综合立体交通网规划纲要》（以下简称《规划纲要》），为我国综合立体交通网建设描绘了宏伟蓝图、指明了前进方向。这是以习近平同志为核心的党中央从党和国家事业发展全局作出的重大战略部署，必将对我国交通运输事业发展产生重要而深远的影响。我们要深入学习领会、认真贯彻落实《规划纲要》，全面构建现代化高质量国家综合立体交通网，加快建设交通强国，为全面建设社会主义现代化国家当好先行。

一、深刻认识构建现代化高质量国家综合立体交通网的重大意义

交通运输是国民经济中基础性、先导性、战略性产业和重要的服务性行业，交通现代化是国家现代化的重要标志。习近平总书记高度重视综合交通运输发展，多次作出重要论述。2014年2月，习近平总书记在北京市考察时指出，要加快形成安全、便捷、高效、绿色、经济的综合交通体系；2018年4月，在深入推动长江经济带发展座谈会上指出，沿长江通道集合了各种类型的交通运输方式，要注意加强衔接协调，提高整体效率。2020年9月，习近平总书记在中央财经委第八次会议上强调，要建设现代综合运输体系，优化完善综合运输通道布局。这些重要论述，为我们科学推进国家综合立体交通网规划建设提供了根本遵循、明确了实施路径，必须把思想和行动统一到党中央决策部署上来，深刻理解构建现代化高质量国家综合立体交通网的重大意义，进一步增强做好工作的责任感、使命感和紧迫感。

这是立足新发展阶段，支撑全面建设社会主义现代化国家的时代要求。党的十九届五中全会提出，全面建成小康社会、实现第一个百年奋斗目标之后，我们要趁势而上开启全面建设社会主义现代化国家新征程、向第二个百年奋斗目标进军，这

标志着我国进入了一个新发展阶段。改革开放特别是党的十八大以来，在以习近平同志为核心的党中央坚强领导下，我国交通运输发展取得了举世瞩目的成就，基础设施网络规模位居世界前列，运输服务保障能力不断提升，建成了名副其实的交通大国，为全面建成小康社会，实现第一个百年奋斗目标提供了坚实支撑。在向第二个百年奋斗目标进军的新发展阶段，更需要交通运输发挥好支撑保障和先行作用。《规划纲要》立足新发展阶段，坚持适度超前，明确了国家综合立体交通网及其主骨架的布局方案和建设任务，提出了完善面向全球的运输网络、推进区域交通运输协调发展等任务。我们要按照《规划纲要》部署，加快推进国家综合立体交通网及主骨架规划建设，推进实现国际国内互联互通、全国主要城市立体畅达、县级节点有效覆盖，有力支撑"全国123出行交通圈"和"全球123快货物流圈"，为全面建设社会主义现代化国家提供坚实支撑和有力保障。

这是贯彻新发展理念，满足人民日益增长的美好生活需要的内在要求。当前，我国交通运输从高速增长阶段转向高质量发展阶段，人民群众出行模式和货物流通方式正在发生深刻变化，高品质、多样化、个性化的旅客出行需求不断增强，高价值、小批量、时效强的货物运输需求快速攀升。站在发展新起点上，必须顺应新发展阶段的新要求，更加精准地贯彻新发展理念，聚焦建设交通强国目标，打造一流设施、一流技术、一流管理、一流服务，不断提升运输服务的效率、品质和经济性，推进交通运输供给从"走得了"向"走得好"转变，加快实现"人享其行、物优其流"，推动交通运输高质量发展，全面适应人民日益增长的美好生活需要。《规划纲要》深入贯彻新发展理念，明确了到2035年基本建成便捷顺畅、经济高效、绿色集约、智能先进、安全可靠的现代化高质量国家综合立体交通网的发展目标和主要任务。我们要把新发展理念贯穿国家综合立体交通网建设的全过程和各领域，更加突出创新的核心地位，注重交通运输创新驱动和智慧发展；更加突出统筹协调，注重各种运输方式融合发展和城乡区域交通运输协调发展；更加突出绿色发展，注重国土空间开发和生态环境保护；更加突出高水平对外开放，注重对外互联互通和国际供应链开放、安全、稳定；更加突出共享发展，注重建设人民满意交通。

这是服务构建新发展格局，促进国民经济良性循环的现实要求。加快构建以国内大循环为主体、国内国际双循环相互促进的新发展格局，是关系我国发展全局的重大战略任务。交通运输贯通生产、分配、流通、消费全过程，是畅通经济循环的重要环节，在构建新发展格局中具有重要地位和作用。《规划纲要》紧扣服务构建新发展格局要求，提出优化国家综合立体交通布局，加强现代物流体系建设，打造开放、安全、稳定的全球物流供应链体系，形成统一开放竞争有序的交通运输市场，推进交通与相关产业融合发展等一系列发展要求。我们要认真贯彻落实《规划纲要》部署，充分发挥国家综合立体交通网在服务国民经济扩大循环规模、提高循环效率、增强循环动能、降低循环成本、保障循环安全方面的重要作用，推动交通运输成为现代产业体系协调发展的坚实支撑、内外经济循环相互促进的重要纽带、产业链供应链安全稳定的保障基石，服务构建新发展格局。

  这是贯彻落实党中央决策部署，加快建设交通强国的关键举措。加快建设交通强国，是党中央立足国情、着眼全局、面向未来作出的重大部署。中共中央、国务院印发的《交通强国建设纲要》明确提出"建设现代化高质量综合立体交通网络"的任务，党的十九届五中全会提出"加快建设交通强国，完善综合运输大通道、综合交通枢纽和物流网络"。《规划纲要》明确了当前和今后一段时期国家综合立体交通网发展的路线图，为加快建设交通强国开好局、起好步奠定了良好的基础。我们要发挥《规划纲要》的战略引领作用，加快推进交通强国建设试点实施，谋划推出一批具有长期战略意义、涉及国家长治久安的重大交通工程，研究出台交通强国评价指标体系，编制"十四五"规划等系列配套工作，确保一张蓝图绘到底，全面构建现代化高质量国家综合立体交通网，加快建设交通强国。

二、准确把握构建现代化高质量国家综合立体交通网的总体要求

构建现代化高质量国家综合立体交通网是史无前例的实践创新，必须坚持正确的方法论。我们要着眼我国幅员辽阔、人口众多、资源和产业分布不均衡的基本国情，立足新发展阶段、贯彻新发展理念、构建新发展格局，总结用好改革开放40多年来交通运输发展经验，坚持走中国特色交通运输现代化发展模式和路径。

一是坚持服务大局、当好先行。服务是交通运输的本质属性。要立足全面建设社会主义现代化国家大局，坚持适度超前，为国家重大战略实施当好先行、提供支撑。要立足扩大内需战略基点，拓展投资空间，扩大高品质、多样化的运输服务供给，满足不同层次交通需求。要坚持以人民为中心，建设人民满意交通，不断增强人民群众的获得感、幸福感和安全感。

二是坚持深化改革、扩大开放。改革开放是推动交通运输事业发展的强大动力。要坚定不移推进改革，充分发挥市场在资源配置中的决定性作用，更好发挥政府作用，不断破除制约高质量发展的体制机制障碍，特别是破除行业壁垒和部门利益，加快构建统一开放竞争有序的交通运输市场，畅通经济循环。要坚定不移扩大开放，以共建"一带一路"为切入点，

推进基础设施互联互通，持续推进国际运输便利化，不断提高全球运输网络和物流供应链体系安全性、开放性、可靠性。

三是坚持系统优化、协同融合。供给短缺时代，各种运输方式相对独立发展有利于快速扩大总量，高质量发展阶段则更重视整体效能提升。要加强规划统筹，优化网络布局，创新运输组织，调整运输结构，实现供给和需求更高水平的动态平衡。要平衡各种运输方式，统筹传统和新型基础设施发展，提升设施网络化和运输服务一体化水平，加快完善现代化综合交通体系，更加注重提升网络服务质量和综合效益。

四是坚持智能绿色、安全可靠。把握好交通运输发展新趋势，加快转变发展方式，构建现代化基础设施体系。要坚持创新核心地位，注重科技赋能，推进交通基础设施数字化、网联化，大力发展智慧交通。要加快推进绿色低碳发展，交通领域二氧化碳排放尽早达峰，降低污染物及温室气体排放强度，注重生态环境保护修复，促进交通与自然和谐发展。要守住安全底线，提高关键技术装备的自主化水平，增强基础设施韧性，加强交通运输安全与应急保障能力建设。

三、加快落实构建现代化高质量国家综合立体交通网的重点任务

《规划纲要》擘画了未来我国海陆空交通网络的蓝图，

为构建现代化高质量国家综合立体交通网指明了方向和路径。我们要认真贯彻落实《规划纲要》，以优化国家综合立体交通布局、推进综合交通统筹融合发展、推进综合交通高质量发展为主攻方向，加快构建现代化高质量国家综合立体交通网。

一是优化国家综合立体交通布局。持续优化基础设施布局、结构和功能，更加全面高效满足经济社会发展需求。要加快构建现代化高质量国家综合立体交通网，以铁路为主干，以公路为基础，充分发挥水运、民航等比较优势，完善国家综合立体交通网络布局。要建设高效率国家综合立体交通网主骨架，形成我国区域间、城市群间、省际间以及连通国际运输的主动脉。要建设多层级一体化国家综合交通枢纽系统，加强综合交通枢纽集群、枢纽城市及枢纽港站"三位一体"统筹布局，重点建设京津冀等4大国际性综合交通枢纽集群，推进建设20个左右国际性综合交通枢纽城市以及80个左右全国性综合交通枢纽城市。要完善面向全球的运输网络，推动形成7条陆路国际运输通道、4条海上国际运输通道、覆盖全球的空中客货运输网络、协同高效的国际干线邮路网。

二是推进综合交通统筹融合发展。突出一体化发展和衔接协同，推动运输方式结构优化、整体效能提升以及产业间协同融合。要推进各种运输方式统筹融合发展，统筹综合交通通道规划建设，推进综合交通枢纽一体化规划建设，推动城市内外交通有效衔接。要推进交通基础设施网与运输服务网、信息网、能源网融合发展。要推进区域交通运输协调发展，推进重点区域交通运输统筹发展，推进东部、中部、西部和东北地区交通运输协调发展，推进城市群内部、都市圈、城乡交通运输一体化发展。要推进交通与邮政快递、现代物流、旅游、装备制造等相关产业融合发展。

三是推进综合交通高质量发展。坚定不移贯彻新发展理念，把握交通运输发展规律和趋势，推进综合交通发展质量变革、动力变革、效率变革。要推进安全发展，提升安全保障能力，提高交通基础设施安全水平，完善交通运输应急保障体系。要推进智慧发展，扩大新一代通信技术、人工智能、大数据等应用场景，提升既有设施数字化水平，系统布局新型基础设施。要推进绿色低碳发展，加强交通运输人文建设。要提升治理能力，深化交通运输行业改革，加强交通运输法治建设，加强交通运输人才队伍建设。

四、切实加强构建现代化高质量国家综合立体交通网的实施保障

《规划纲要》实施是一项跨部门、跨行业、跨区域的长期系统工程，超越了单一运输方式和传统交通运输范畴，必须加强组织领导、强化统筹联动、完善机制保障，协同推进《规划纲要》落地生根。

一是要加强党的领导。始终把党的领导贯穿到加快建设交通强国全过程，充分发挥各级党组织在推进国家综合立体交通网建设发展中的作用，激励干部担当作为，全面调动各级干部干事创业的积极性、主动性和创造性，不断提高贯彻新发展理念、构建新发展格局、推动高质量发展能力和水平，为实现《规划纲要》目标任务提供根本保证。

二是要加强组织协调。建立健全《规划纲要》实施协调推进机制，强化部门协同和上下联动，推动各类交通基础设施统筹规划、协同建设。加强与财政、自然资源、住房城乡建设、生态环境等部门的沟通协作，推进完善财政、用地、用海、城乡建设、环保等配套政策及标准规范。建立完善综合交通运输规划体系，促进健全《规划纲要》与各类各级规划衔接机制。

三是要加强资源支撑。加强与自然资源、住房城乡建设等部门沟通协调，推进建立国土空间规划等相关规划与交通规划协调机制和动态调整管理政策，促进完善公共交通引导土地开发的相关政策，加强《规划纲要》实施的土地资源支撑。规划、建设过程严格用地控制，突出立体、集约、节约思维，提高交通用地复合程度，盘活闲置交通用地资源。

四是要加强资金保障。促进建立完善与交通运输发展阶段特征相适应的资金保障制度，推进落实中央与地方在交通运输领域的财政事权和支出责任，确保各交通专项资金支持交通发展。促进投融资政策创新，健全与项目资金需求和期限相匹配的长期资金筹措渠道。构建形成效益增长与风险防控可持续发展的投资机制，防范化解债务风险。

五是要加强实施管理。建立综合交通规划管理制度。《规划纲要》实施过程中要加强与国民经济和社会发展、国土空间、区域发展、流域等相关规划衔接，与城乡建设发展相统筹。做好《规划纲要》实施监测、评估、动态调整等工作。

全面构建现代化高质量国家综合立体交通网，使命光荣、责任重大。我们要紧密团结在以习近平同志为核心的党中央周围，坚持以习近平新时代中国特色社会主义思想为指导，聚焦"人民满意、保障有力、世界前列"的交通强国目标，加快建设便捷顺畅、经济高效、绿色集约、智能先进、安全可靠的现代化高质量国家综合立体交通网，为全面建设社会主义现代化国家提供支撑保障。

科学布局国家综合立体交通网

总体组

中共中央、国务院印发《国家综合立体交通网规划纲要》（以下简称《规划纲要》），这是以习近平同志为核心的党中央作出的重大战略部署，是加快建设交通强国的关键举措。深入学习贯彻落实《规划纲要》精神，准确把握总体要求，科学推进国家综合立体交通网建设，加快建设交通强国，是新时代赋予交通运输行业的重大历史使命。

一、深刻认识我国综合交通运输网络的发展现状

《规划纲要》是中共中央、国务院立足新发展阶段我国交通运输发展现状和新形势新要求，对综合立体交通网的前瞻性、系统性谋划。

改革开放特别是党的十八大以来,我国综合交通运输发展取得了历史性成就,用几十年时间走过了发达国家上百年的发展历程,已经成为名副其实的交通大国。**一**是综合交通基础设施网络不断完善。高速铁路营业里程、高速公路通车里程、港口万吨级及以上泊位数等均居世界第一。交通运输服务能力持续提升,有力支撑了国民经济持续快速发展。**二**是有力促进了国土空间开发保护和区域协调发展。高速铁路、国家公路、国家高等级航道、国家民用运输机场主干网络逐步形成,极大缩短了时空距离。**三**是国际互联互通不断加强。港口、机场国际航线及中欧班列连通世界主要地区,截至 2019 年底,世界 10 大集装箱港口中,我国占据 7 席,我国航空公司国际定期航班通航 65 个国家的 167 个城市,年旅客吞吐量超千万人次机场已达 39 个,中欧班列通达 21 个欧洲国家的 92 个城市,为我国深度参与全球贸易、推进全方位对外开放提供了有力支撑。**四**是基础设施建造技术达到国际先进水平。京沪高铁、港珠澳大桥、洋山深水港、北京大兴国际机场等一批超级工程震撼世界,显著提升了我国国际影响力,成为中国发展的亮丽名片。

但是,与支撑全面建设社会主义现代化国家和满足人民美好生活需要的新要求相比,我国综合交通运输发展仍然存在不平衡、不充分、不协调等问题,主要是网络布局仍需完善、结构有待优化、统筹融合亟待加强、资源集约利用水平有待提高、全产业链支撑能力仍需提升、综合交通发展质量效率和服务水平不高、交通运输重点领域关键环节改革任务仍然艰巨等。目前的综合交通网络是各种运输方式相对独立发展形成的，对资源的统筹优化和综合利用考虑相对不足。随着各种运输方式逐渐联网贯通，已经到了充分发挥各方式比较优势和组合效率的新阶段，进入了优化各种资源配置的关键时期。

当前和今后一个时期，我国发展仍处于重要战略机遇期，但机遇和挑战都有新的发展变化。从国际形势看，世界正经历百年未有之大变局，新一轮科技革命和产业变革深入发展，和平与发展仍是时代主题，同时国际环境日趋复杂，不稳定性不确定性明显增加，新冠肺炎疫情影响广泛深远，经济全球化遭遇逆流，世界进入动荡变革期。从国内形势看，我国开启全面建设社会主义现代化国家新征程，已转向高质量发展阶段，制度优势显著，经济长期向好，市场空间广阔，发展韧性增强，社会大局稳定，但发展不平衡不充分问题仍然突出。

国内国际新形势对于加快建设交通强国、构建现代化高质量国家综合立体交通网，既有新机遇也有新挑战，交通运输要深刻认识、准确把握进入新发展阶段特征要求，贯彻新发展理念，服务构建新发展格局。充分考虑国土空间开发保护和资源环境承载能力，落实高质量发展要求，统筹优化各种运输方式资源配置，完善网络系统功能，实现地上地下水上空中立体布局，全面塑造发展新优势。

二、坚定不移贯彻新发展理念的总体要求

党的十九届五中全会提出,坚定不移贯彻创新、协调、绿色、开放、共享的新发展理念。《规划纲要》深刻把握贯彻新发展理念的要求,把新发展理念贯穿国家综合立体交通网发展的全过程和各领域。

(一)加强交通运输创新驱动和智慧发展

《规划纲要》提出,坚持创新在构建现代化高质量国家综合立体交通网中的核心地位。注重科技赋能,推进交通基础设施数字化、网联化,提升交通运输智慧发展水平,着力提升存量基础设施利用效率,促进交通运输提效能、扩功能、增动能。

(二)加强各种运输方式融合发展和城乡区域交通运输协调发展

《规划纲要》坚持系统观念,促进方式间、领域间、区域间、产业间协调融合发展。将各种运输方式放在综合交通运输框架下统筹谋划,优化网络布局和运输结构,形成国家综合立体交通"一张网",提升网络整体效率,加强衔接协调。促进交通基础设施网、运输服务网、信息网和能源网融合发展。促进区域和城乡交通运输协调发展,提高城市群、都市圈交通运输一体化水平,强化城市与城际交通有效衔接,为

形成优势互补、高质量发展的区域经济布局提供基础支撑。促进交通与邮政快递、现代物流、旅游、装备制造等产业融合发展。

（三）加强资源集约节约利用和生态环境保护

《规划纲要》将生态优先、绿色发展理念贯穿到交通运输发展全过程、全周期。充分考虑资源环境承载力和国土空间开发适宜性，着力补短板、重衔接、优网络、提效能，提高通道等资源利用的集约化、综合化水平，集约节约利用国土资源。注重生态环境保护修复，促进交通基础设施与生态空间协调，构建生态化交通网络，促进交通与自然和谐发展。创新绿色交通发展模式，推进新能源、清洁能源利用，降低交通运输污染物排放强度，为满足我国二氧化碳排放达峰目标要求作出贡献。

（四）加强对外互联互通和国际物流供应链稳定

《规划纲要》立足我国实施更大范围、更宽领域、更深层次对外开放，服务构建以国内大循环为主体、国内国际双循环相互促进的新发展格局，加强国际互联互通，完善面向全球的运输网络，拓展国际海运物流网络，强化国际航运中心辐射能力，构建覆盖全球的空中客货运输网络，发展以中欧班列为重点的国际货运班列，促进国际道路运输便利化，建设连通全球国际干线邮路网，打造开放、安全、稳定的全球物流供应链体系，为提高经济质量效益和核心竞争力提供保障。

（五）加强建设人民满意交通和满足人民日益增长的美好生活需要

《规划纲要》坚持以人民为中心，充分考虑人民生活水平不断提高引起的交通消费模式、层次、水平的新变化，充分考虑科技进步对运输方式的影响，着力优化交通供给结构，提高供给质量和效率，构筑多层次、多样化的交通运输服务体系，提高交通运输服务的包容性、公平性和均等化水平，使人民群众不仅"走得了"，而且能够"走得好""走得舒心""走得放心"，不断增强人民群众的获得感、幸福感和安全感。

三、准确把握国家综合立体交通网布局规划思路

《规划纲要》以习近平新时代中国特色社会主义思想为指导，深入贯彻党的十九大和十九届二中、三中、四中、五中全会精神，坚持系统观念，创新理论方法，坚持问题导向、目标导向与需求导向相结合，统筹考虑国际与国内、当前与长远、存量与增量、传统与新型、发展与安全，加强顶层谋划，充分体现"统、合、联"的基本思路。

（一）"统"，就是加强统筹、统领

长期以来，各种运输方式布局规划更多侧重自身行业发展，在资源配置上缺乏统筹，集约发展不足。《规划纲要》统筹各种运输方式规模、结构、功能与布局。一是强化战略

统领，以支撑服务国家重大战略实施统领综合交通运输体系发展，全面落实《交通强国建设纲要》重点任务。**二是**强化规划统筹，统筹铁路、公路、水运、民航、邮政等国家级基础设施规划建设，系统设计我国综合立体交通网空间布局和形态。

（二）"合"，就是加强整合、融合

《规划纲要》充分契合各方面发展需求、融合各运输方式规划，形成工作合力。**一是**契合需求，通过建立统一的综合交通运输需求预测分析模型，充分考虑各运输方式技术经济比较优势，全面响应各行业发展诉求。**二是**融合规划，坚持系统性观念，对各运输方式国家级中长期布局规划、32个地方组中长期布局规划进行衔接平衡，不断反复优化调整，优化存量资源利用、扩大优质增量供给。**三是**形成合力，各行业组、地方组、专题组充分对接，强化行业互动、上下联动、部门协同，共同开展工作。

（三）"联"，就是加强联接、联通

《规划纲要》着力推进各种运输方式补短板、促联接，全面提升交通基础设施的网络化水平和衔接转换效率。**一是**完善各种运输方式网络布局，提高通达程度，充分发挥网络效应。**二是**加强各种运输方式联接，着力推进立体互联，构筑多层级、一体化的综合交通枢纽系统。**三是**加强国际与国内运输通道联接、城市群之间综合运输大通道联接、城市群内部城际交

通联接、中心城市与卫星城镇联接、城市内外交通衔接。

四、全面落实国家综合立体交通网布局重点任务

《规划纲要》从构建完善的国家综合立体交通网、加快建设高效率国家综合立体交通网主骨架、建设多层级一体化国家综合交通枢纽系统、完善面向全球的运输网络四方面提出了优化国家综合立体交通布局的关键任务，这四方面任务是紧密联系的有机整体。

（一）构建完善的国家综合立体交通网

按照连接全国所有县级及以上行政区、边境口岸、国防设施、主要景区等的目标要求，以有效覆盖、均衡发展等功能性要求为主线，以统筹融合为导向，着力补短板、重衔接、优网络、提效能，更加注重存量资源优化利用和增量供给质量提升，《规划纲要》提出了国家综合立体交通网布局方案。到2035年，国家综合立体交通网实体线网总规模合计70万公里左右（不含国际陆路通道境外段、空中及海上航路、邮路里程）。其中铁路20万公里左右，公路46万公里左右，高等级航道2.5万公里左右。沿海主要港口27个，内河主要港口36个，民用运输机场400个左右，邮政快递枢纽80个左右。

国家综合立体交通网涵盖铁路、公路、水运、民航和邮政快递的国家级交通基础设施。其中，国家铁路网包括高速铁路

7万公里（含部分城际铁路），普速铁路13万公里（含部分市域铁路）；国家公路网包括国家高速公路网16万公里左右，普通国道网30万公里左右；国家水运网包括国家高等级航道2.5万公里左右、国境国际通航河流、沿海主要港口27个、内河主要港口36个；国家民航网包括国家民用运输机场和国家航路网，国家民用运输机场400个左右，基本建成以世界级机场群、国际航空（货运）枢纽为核心，区域枢纽为骨干，非枢纽机场和通用机场为重要补充的国家综合机场体系；国家邮政快递网包括国家邮政快递枢纽和邮路，其中国家邮政快递枢纽主要由5个全球性国际邮政快递枢纽集群、20个左右区域性国际邮政快递枢纽、45个左右全国性邮政快递枢纽组成。

到2035年，享受快速交通服务的人口比重大幅提升，除部分边远地区外，基本实现全国县级行政中心15分钟上国道、30分钟上高速公路、60分钟上铁路，市地级行政中心45分钟上高速铁路、60分钟到机场。

（二）加快建设高效率国家综合立体交通网主骨架

《规划纲要》依据国家区域发展战略和国土空间开发保护格局，结合未来交通运输发展和空间分布特点，将城市产业集群（都市圈）按照交通运输需求量级划分为"极、组群、组团"三个层次。其中，"极"是全国交通发生吸引量最为密集的地区，对全球资源配置、对外开放格局、国土空间开发、交通组织集散等具有全国性乃至全球性的影响；"组群"是全国交通发生吸引量较为密集的地区，承接"极"的辐射带动作用，对全国资源配置、国土空间开发、交通组织集散等具有区域性的影响；"组团"主要承接"极"与"组群"的辐射带动作用。

按照"极""组群"和"组团"之间交通联系强度，《规划纲要》提出由"主轴、走廊、通道"组成的国家综合立体交通网主骨架。其中，"主轴"主要服务于"极"与"极"之间的交通联系，服务的经济、人口最为密集，承担的交通运输量最为繁重，战略地位最为突出，复合程度最高（至少由两条及以上传统综合运输通道复合而成），通道构成最为复杂；"走廊"主要服务于"极"对"组群"及"组团"辐射作用，服务的经济、人口较为密集，承担的交通运输量较大，战略地位较为突出，是复合程度较高的综合运输通道；"通道"主要服务于主轴与走廊之间的衔接，以及"组群"与"组团"之间、"组团"与"组团"之间的交通联系，服务的经济、人口及承担的交通运输量相对较少，复合程度相对较低。

国家综合立体交通网主骨架由国家综合立体交通网中最为关键的线网构成，是我国区域间、城市群间、省际间以及连通国际运输的主动脉，是支撑国土空间开发保护的主轴线，也是各种运输方式资源配置效率最高、运输强度最大的骨干网络。为支撑构建新发展格局，交通运输发展必须按照《规划纲要》要求，加快建设高效率国家综合立体交通网主骨架。**一是加快**

构建 6 条主轴。加强京津冀、长三角、粤港澳大湾区、成渝地区双城经济圈 4 极之间联系，建设综合性、多通道、立体化、大容量、快速化的交通主轴，充分发挥促进全国区域发展南北互动、东西交融的重要作用。**二**是加快构建 7 条走廊。强化京津冀、长三角、粤港澳大湾区、成渝地区双城经济圈 4 极的辐射作用，加强极与组群和组团之间联系，建设 7 条多方式、多通道、便捷化的交通走廊，优化完善多中心、网络化的主骨架结构。**三**是加快构建 8 条通道。强化"主轴"与"走廊"之间的衔接协调，加强"组群"与"组团"之间、"组团"与"组团"之间联系，加强资源产业集聚地、重要口岸的连接覆盖，建设 8 条交通通道，促进内外连通、通边达海，扩大中西部和东北地区交通网络覆盖。

（三）建设多层级一体化国家综合交通枢纽系统

《规划纲要》提出要建设综合交通枢纽集群、枢纽城市及枢纽港站"三位一体"的国家综合交通枢纽系统。**一**是依托超大型城市群内高度发达的多方式一体化综合立体交通网，以国际性综合交通枢纽城市为核心，联动多个不同层级的枢纽城市，加快打造空间分布相对集中、枢纽功能融合互补、运行组织协同高效的 4 大国际性综合交通枢纽集群。**二**是推进国家综合交通枢纽城市建设，国家综合交通枢纽城市是综合立体交通网实现一体融合的空间载体，是枢纽功能建设和发挥的基本依托，包括 20 个左右国际性综合交通枢纽城市和 80 个左右全国性综合交通枢纽城市。三是推进综合交通枢纽港站建设，包括一批国际性、全国性综合交通枢纽港站。

（四）完善面向全球的运输网络

围绕陆海内外联动、东西双向互济的开放格局，完善对外运输网络。**一是**发展多元化国际运输通道，重点打造新亚欧大陆桥、中蒙俄、中国—中亚—西亚、中国—中南半岛、中巴、中尼印和孟中印缅等 7 条陆路国际运输通道。发展以中欧班列为重点的国际货运班列，促进国际道路运输便利化。**二是**完善经日本、韩国跨太平洋至美洲，经东南亚至大洋洲，经东南亚、南亚跨印度洋至欧洲和非洲，跨北冰洋的冰上丝绸之路等 4 条海上国际运输通道，保障原油、铁矿石、粮食、液化天然气等国家重点物资国际运输，拓展国际海运物流网络，加快发展邮轮经济。**三是**依托国际航空枢纽，构建四通八达、覆盖全球的空中客货运输网络。**四是**建设覆盖五洲、连通全球、互利共赢、协同高效的国际干线邮路网。

我们要以习近平新时代中国特色社会主义思想为指导，深入贯彻落实《规划纲要》，加快推进国家综合立体交通网建设，向新时代交出一份无愧于历史与人民重托的答卷。

主要执笔人：戴东昌、王志清、张大为、陈胜营、金敬东、宋彩萍、刘东、马衍军、蒋斌

推动铁路在交通强国建设中展现新作为

铁路组

中共中央、国务院印发了《国家综合立体交通网规划纲要》(以下简称《规划纲要》)。《规划纲要》是指导交通运输规划发展的纲领性文件,立足新发展阶段,贯彻新发展理念,构建新发展格局,为铁路高质量发展提供了战略指引,进一步指明了前进方向。

进入新发展阶段,铁路行业必须坚持以习近平新时代中国特色社会主义思想为指导,统筹推进"五位一体"总体布局,协调推进"四个全面"战略布局,坚定不移贯彻新发展理念,坚持稳中求进工作总基调,以推动高质量发展为主题,以深化供给侧结构性改革为主线,以改革创新为根本动力,以满足人民日益增长的美好生活需要为根本目的,坚持系统观念,按照加快建设交通强国战略部署,以《规划纲要》为引领,系统总结铁路发展取得的成就,准确把握新时代新形势新任务新要求,坚持质量第一、效益优先，推动铁路发展质量变革、效率变革、动力变革，为加快构建现代综合交通运输体系当好先行。

一、铁路发展建设成就显著

"十三五"以来，铁路全力发挥"先行"和"骨干"作用，在路网建设、技术装备、运输服务、绿色发展、深化改革、对外合作等方面取得了重大进展，实现了由"追赶"到"领跑"的重大跨越，打造了亮丽的国家名片，谱写了新时代铁路改革发展的崭新篇章。

（一）路网建设创造新纪录

2004年《中长期铁路网规划》提出的"四纵四横"高速铁路主骨架全面建成，2016年《中长期铁路网规划》提出的"八纵八横"高速铁路主通道加快建设，"轨道上"的交通圈加速发展。高铁发展引领世界，智能京张高铁开通运营，从自主设计修建零的突破到世界最先进水平，从时速35公里到350公里，京张线见证了中国铁路的发展，也见证了我国综合国力的飞跃。2019年高铁总里程达到3.5万公里，占世界高铁总里程近70%。路网规模再创新高、路网布局更加优化、路网质量大幅提升、枢纽一体化融合更加充分，13.9万公里的铁路网构筑了畅连东西、沟通南北的钢铁脊梁，为经济社会持续健康发展提供了坚实铁路保障。

（二）技术装备达到新水平

"复兴号"中国标准动车组实现时速350公里商业运营，系列化产品谱系基本形成。智能型动车组实现时速350公里自动驾驶。铁路交流传动电力机车、重载车辆、养护维修检测设备及施工机械装备水平大幅提升。通信信号、牵引供电等智能化新技术取得实质性突破。铁路科技创新实现历史性、整体性、格局性的重大变化，智能铁路科技创新实现重大突破，运营安全服务技术水平显著提升，铁路科技领域改革迈出重要步伐。

（三）运输服务呈现新品质

铁路行业着眼人民群众不断增长的运输需求，大力推动铁路供给侧结构性改革，运输能力、服务品质、安全水平持续提升，"一票难求""一车难求"局面得到根本改变。2015—2019年，全国铁路旅客发送量年均增长9.6%，货物发送量年均增长6.9%。高铁成为客运绝对主力，运输组织更加精细化、客运产品更加多样化、客运服务更加信息化、增值服务更加多元化，旅客出行更为方便快捷。货运产品更加市场化，货运服务更加便利化，货运能力大幅提升。服务水平显著提高，实现客票"无纸化"、货票"电子化"。运输安全持续稳定，高铁运营安全水平世界领先。

（四）绿色发展取得新成效

铁路行业深入贯彻落实生态文明建设各项要求和部署，生态环境保护效果明显,资源集约节约利用成效显著。节能标准体系、技术支撑体系和政策引导体系逐步完善。环保新技术、新装备、新工艺运用日益广泛,新能源、新材料、新产品应用不断扩大,落后耗能设备淘汰速度加快,能源消耗和污染物排放强度持续下降。大力推进铁路沿线环境综合治理,绿色长廊、最美高铁纷纷呈现,铁路绿色发展迈出坚实步伐。

(五)深化改革迈出新步伐

铁路管理体制实现政企分开,行业监管体系不断完善,铁路改革迈出历史性的"关键一步","放管服"改革深入推进。国铁企业现代企业制度初步建立,市场化逐步走入正轨。铁路运输市场化改革进一步深化,铁路营商环境进一步改善。运价改革成效显著,建立了铁路运输企业自主定价和市场调节价相结合的机制,增加了运价弹性。铁路投融资模式实现重大创新,铁路发展基金顺利推出,社会资本踊跃投资。

(六)对外合作开创新局面

积极实施"走出去"战略,中国铁路标准国际化取得积极成效。铁路互联互通取得新突破,中老铁路标志性工程全线隧道贯通,亚吉铁路、蒙内铁路等一批项目建成投产,雅万高铁、匈塞铁路开工建设,中巴、中泰铁路合作有序推进。中欧班列正在加快成长为国际知名的物流品牌。具有中国自主知识产权的高铁等大型装备"走出去"实现重大突破,铁路"走出去"的版图已经扩展到了6大洲的100余个国家。实质性深度参与铁路合作组织、国际铁路联盟等国际组织工作,中国铁路国际影响力和竞争力不断提升。

二、铁路服务经济社会发展的影响广泛深远

铁路在支撑国家重大战略、服务经济社会发展、服务人民群众出行和推动"一带一路"建设、推动构建人类命运共同体的时代使命中作出了突出贡献,极大提升了中华民族自豪感和自信心,增强了人民群众幸福感、获得感、安全感。

(一)强力助推国家重大战略实施

一是服务区域协调发展。铁路的发展显著提升了沿线地区经济发展的吸引力和辐射力,高铁的开通运营为区域经济发展打造了新引擎、培育了新动能,大幅缩短了区域时空距离,有力促进了国土空间开发,支撑了京津冀协同发展、长三角一体化、长江经济带发展、粤港澳大湾区建设、成渝地区双城经济圈建设、黄河流域生态保护和高质量发展等国家重大战略,极大助推了西部开发、东北振兴、中部崛起和东部率先的协同发展战略的实施。**二是服务创新驱动发展。**深入贯彻落实国家创新驱动发展战略,装备制造技术、工程建设技术、运输保障技术、创新体系建设实现新突破,有力支撑了创新型国家建设。**三是服务打赢三大攻坚战。**深入实施建设扶贫、运输扶贫、定点扶贫、消费扶贫等举措,为打赢精准脱贫攻坚战提供了铁路

保障。充分发挥铁路绿色比较优势，为打赢污染防治攻坚战作出了积极贡献。强化经营管理，着力降本增效，多措并举优化债务结构，深化投融资改革，有效应对防范化解重大风险。

（二）有力支撑经济社会高质量发展

一是拉动了经济增长。现代化铁路网建设极大促进了人流、物流、资金流、信息流加速流动，增加了沿线城镇居民收入，激发了居民消费新需求。二是促进了产业转型升级。铁路科技创新有力推动了传统产业向高端化、智能化、绿色化转型发展，支撑了产业链供应链向更强创新力、更高附加值、更安全可靠的方向发展。三是推动了新型城镇化建设。铁路建设强化了中心城市的辐射作用，改变了城市区位格局，优化了资源配置效率，极大促进了以人为核心的新型城镇化建设。

（三）大力促进现代综合交通运输体系构建

一是推动了交通行业向更加注重质量效益转变。持续深化铁路供给侧结构性改革，提高了铁路发展质量，促进了综合交通向更加安全、便捷、高效、绿色、经济方向发展。二是推动了向更加注重一体化融合转变。积极推进铁路与区域发展、城镇化发展、城市交通等规划的深度对接，促进了干线铁路、城际铁路、市域（郊）铁路、城市轨道交通的"四网融合"。三是推动了向更加注重创新驱动转变。大力实施铁路原始创新、集成创新、引进消化吸收再创新，有力支撑了交通强国建设。

（四）竭力满足人民群众美好生活需要

一是有效满足人民美好出行需求。深入实施客运提质计划、复兴号品牌战略等举措，为人民群众美好出行需求提供了坚强铁路运输保障。**二是**构筑了物流业发展基础。优化运输组织方案，发展新业态新模式，不断拓宽物流服务领域，有效降低了全社会物流成本。**三是**切实保障了人民群众生命财产和国家总体安全。运输安全及应急保障能力不断增强，高效助力打赢疫情防控阻击战，有力保障了人民生命财产安全，为国家安全、公共安全和社会稳定作出了重要贡献。

（五）积极推动世界铁路创新发展

一是促进了世界铁路技术进步。中国铁路构建的技术创新体系，填补了世界铁路多项技术空白。开展的克服艰险建造条件和复杂运营环境等方面的技术创新，解决了世界铁路技术难题。**二是**促进了世界铁路管理创新。中国铁路的建设管理模式，为世界各国开展铁路建设开辟了新道路。中国铁路安全稳定运营的高铁网，为世界高铁建设运营积累了新经验。**三是**促进了世界铁路共同繁荣。中国铁路的快速发展为世界铁路发展增添了新动能。中国铁路全方位"走出去"，为世界其他国家提供了全新选择。互联互通铁路通道的陆续建设和中欧班列开行规模的不断扩大，构筑了更为顺畅通达的世界铁路运输网络。

三、科学研判发展面临的新形势新要求

《规划纲要》突出战略性、系统性、前瞻性、引领性，对交通行业未来发展形势作出了科学研判。铁路发展必须科学分析形势、把握发展大势，坚持目标导向、问题导向相统一，紧扣一体化和高质量两个关键词，抓好铁路改革发展稳定工作，推动铁路发展不断取得新成效。

（一）挑战与机遇并存

从国际形势来看，当今世界正经历百年未有之大变局，新一轮科技革命和产业变革深入发展，国际力量对比深刻调整，和平与发展仍然是时代主题，人类命运共同体理念深入人心，同时国际环境日趋复杂，不稳定性不确定性明显增加，新冠肺炎疫情影响广泛深远，经济全球化遭遇逆流，世界进入动荡变革期，单边主义、保护主义、霸权主义对世界和平与发展构成威胁。

从国内形势来看，我国正处于实现中华民族伟大复兴的关键时期，已转向高质量发展阶段，正处在转变发展方式、优化经济结构、转换增长动力的攻关期。"十四五"时期，我国开启全面建设社会主义现代化国家新征程，加快形成以国内大循环为主体、国内国际双循环相互促进的新发展格局。展望到2035年，我国经济实力、科技实力、综合国力将大幅跃升，

基本实现新型工业化、信息化、城镇化、农业现代化，建成现代化经济体系，形成对外开放新格局，参与国际经济合作和竞争新优势明显增强，人民生活更加美好，人民的全面发展、全体人民共同富裕取得更为明显的实质性进展，社会主义现代化将基本实现。

从交通运输形势来看，当前，我国交通运输发展还存在基础设施网络布局仍需完善、各方式统筹融合发展亟待加强、发展质量效率和服务水平不高、重点领域关键环节改革任务仍然十分艰巨等一些突出问题。着眼第二个百年奋斗目标，要求交通运输深刻认识把握进入新发展阶段特征要求，加快推进交通强国建设，构建现代化高质量国家综合立体交通网，充分发挥交通先行作用，提高安全智慧绿色发展水平，强化与周边国家交通基础设施互联互通，完善面向全球的运输服务网络。

从铁路自身发展来看，我国铁路仍存在短板和差距。**一是**路网布局不平衡不充分，西部路网覆盖仍显不足，部分通道能力紧张，城际、市域铁路发展滞后。**二是**铁路在综合交通运输体系中的骨干作用有待提升，融合发展还需加快，多式联运发展缓慢，集疏运体系存在短板。**三是**铁路"走出去"竞争力有待加强，国际影响力和话语权有待进一步提升。**四是**铁路治理能力现代化存在差距，铁路改革仍需深化。立足新发展阶段，推动铁路高质量发展是构建现代综合交通运输体系的重要支撑，是满足人民日益增长的美好生活需要、构建新发展格局、加快建设交通强国的客观需要。进入新发展阶段，铁路将向更加注重质量效益、创新驱动和交通一体化融合发展转变，开启建设现代化铁路强国的崭新征程。

（二）高质量发展是时代主题

未来国际国内经济社会发展的新形势，建设人民满意、保障有力、世界前列的交通强国，构建现代化高质量国家综合立体交通网，对铁路高质量发展提出了新的更高要求。

一是落实国家创新驱动发展战略，要求铁路创新发展。加快建设科技强国、应对铁路发展环境变化、增强铁路发展动力，要求铁路必须发挥原始创新、技术创新、市场创新、品牌创新、文化创新的综合动力，强化基础研究，瞄准世界科技前沿，实现前瞻性基础研究、引领性原创成果重大突破，着力构建企业为主体、产学研深度融合、基础设施和服务体系完备、资源配置高效、成果转化顺畅的技术创新体系，加快推动第五代移动通信技术（5G）、大数据、人工智能、互联网、物联网等新技术与铁路深度融合，大力培育新产品、新模式、新业态，激发人才创新活力，塑造全面发展新优势。

二是优化国土空间布局，要求铁路协调发展。支撑区域重大战略、区域协调发展战略、主体功能区战略，服务京津冀协同发展、长江经济带发展、粤港澳大湾区建设、长三角一体化发展、黄河流域生态保护和高质量发展、成渝地区双城经济圈建设等重大国家战略，促进东、中、西、东北地区协调发展，要求建设横贯东西、沟通南北、内畅外连的铁路运输大通道，构建便捷顺畅、衔接高效的现代化铁路网，推动与其他运输方式精准配合、协同推进，强化铁路支撑保障功能。

三是推进美丽中国建设，要求铁路绿色发展。构建生态文明体系，建设资源节约型、环境友好型社会，形成人与自然和谐发展现代化建设新格局，要求铁路充分发挥绿色环保、集约高效、运力强大、安全性高的比较优势，依靠科技创新，大力推进节能减排，提高铁路全产业链、全生命周期效率与效益，将绿色潜力优势转化为绿色产业优势，注重实现铁路发展和生态环境保护协同共进，健全铁路绿色发展制度体系，为构建现代综合交通运输体系、推进美丽中国建设和全球生态安全作出新贡献。

四是开拓合作共赢新局面，要求铁路开放发展。当前国内外环境深刻变化带来的一系列新机遇新挑战，要求我国铁路发展必须统筹国内国际两个大局，利用好国际国内两个市场、两种资源，注重提高对外开放质量和发展的内外联动性，强化与周边国家交通基础设施互联互通，主动参与和推动全球化进程，提高中国铁路在世界铁路领域的话语权和影响力，不断壮大自身综合实力和核心竞争力，在加快推进国际产能合作和推动"一带一路"建设中更好发挥作用。

五是满足人民美好生活需要，要求铁路共享发展。顺应人民新期待，贯彻以人民为中心的发展思想，践行"人民铁路为人民"服务宗旨，要求铁路必须深化运输供给侧结构性改革，推动铁路智能化、品质化、个性化、精细化、多样化发展，促进线上线下融合，提升智慧便利水平，增强服务体验，提高联程联运比例和效率，形成品质化客运服务体系。在保证大宗货运的基础上，拓展集装箱、冷链物流、商品汽车、散货快运等货运产品，细分目标市场，精准设计产品，提升货运信息化服务水平，形成安全高效、层次多元、种类丰富、品牌优质的现代化物流服务体系。

四、铁路基础设施空间布局更加优化

《规划纲要》作为交通运输体系的顶层规划，提出构建以铁路为主干，以公路为基础，水运、民航比较优势充分发挥的国家综合立体交通网。必然要求铁路着力扬优势、补短板、促融合、提效能，加快建成发达完善的现代化铁路网，有力支撑开启全面建设社会主义现代化国家新征程。

（一）总体思路更加清晰

《规划纲要》提出，到2035年基本建成便捷顺畅、经济高效、绿色集约、智能先进、安全可靠的现代化高质量国家综合立体交通网。

铁路发展必须准确把握《规划纲要》精神内涵，推动构建完善的国家综合立体交通网、高效率的国家综合立体交通网主骨架，以国家重大战略为指引，以"人享其行、物优其流"为导向，扩大路网覆盖，优化路网结构，提升路网质量，提高效率效益。

一是优化存量资源配置。统筹新建与既有、高速与普速协调发展，推进铁路转型升级、提质增效。**二是**扩大优质增量供给。进一步完善高速铁路网、优化普速铁路网、发展城际及市域铁路，形成技术先进、便捷高效、持续健康的高速铁路网，构建布局合理、干支协调、优质高效的普速铁路网，打造轨道上的城市群、都市圈。**三是**支撑区域协调发展。根据主体功能区定位，准确落实区域协调发展战略，扩大中西部地区铁路覆盖，提升东北地区路网质量，优化东部地区路网布局，推动实现基本公共服务均等化。

（二）工作原则更加精准

《规划纲要》紧密结合我国具体实际、时代要求，提出了建设国家综合立体交通网四项工作原则，为铁路发展提供了基本遵循。着眼新发展阶段，把握铁路发展阶段性特征，提升铁路核心竞争力和服务保障能力，推动铁路发展迈上新的台阶，应重点把握以下几个方面：

一是坚持服务大局，提升创新发展水平。贯彻落实党中央、国务院决策部署，服务国家重大战略，适度超前规划布局，科学把握标准规模速度，优化网络布局，助力构建现代综合交通运输体系。坚持把创新作为引领铁路发展的第一动力，坚定不移实施创新驱动发展战略，不断增强铁路发展新动能。

二是坚持以人民为中心，推动铁路共享发展。统筹经济社会发展、城镇体系布局、人口产业分布等因素，充分发挥铁路技术经济比较优势，扩大路网覆盖范围，提升发展质量效率水平，不断增强人民群众的获得感、幸福感和安全感。

三是坚守安全底线，推动铁路安全发展。安全是铁路发展的生命线，必须坚持底线思维和风险意识，落实企业安全生产主体责任，健全政府安全监管体系，提升铁路设备设施的安全性和可靠度，强化运输安全及应急保障能力，实现铁路运输持续安全稳定。

四是坚持高效衔接，加快铁路融合发展。贯彻落实《规划纲要》相关要求，强化与公路、水运、民航、城市轨道交通等其他运输方式的有机衔接，加强与国防、城市、产业、口岸等规划衔接，实现铁路开放融合发展。

五是坚持集约节约，提升绿色发展优势。深入贯彻生态文明理念，加强生态环境保护，集约节约利用土地、通道及枢纽资源，引导空间综合开发利用，强化节能减排和污染防治，实现绿色发展。有序引导大宗货物运输向铁路转移，促进运输结构优化调整，更好发挥铁路骨干运输作用。

（三）总体目标更加明确

《规划纲要》提出到 2035 年，国家铁路网规模达到 20 万公里左右。其中，高速铁路 7 万公里（含部分城际铁路），普速铁路13万公里（含部分市域铁路）。

《规划纲要》对未来我国客货运输需求进行了科学分析研判，指出未来我国旅客出行需求稳步增长，货物运输需求稳中有升。基于国家对交通运输行业发展政策总体分析，未来铁路在我国综合交通运输体系中的骨干地位还将逐步提升，总体分析，"十四五"及更长一段时期，我国铁路仍处于发展的机遇期，路网规模仍将保持稳定增长态势。"十二五"和"十三五"期间我国铁路投产里程分别为2.9万公里和2.5万公里左右，根据《规划纲要》提出的目标，预计未来15年，平均每个五年投产铁路里程为1.8万公里左右，低于现状水平，与未来我国经济社会发展对铁路的需求是契合的。

《规划纲要》提出的2035年路网发展规模目标是基于我国铁路发展现状、发展阶段、发展趋势，在总结分析世界主要发达国家铁路发展历程、发展趋势及影响铁路网规模相关因素的基础上，遵循铁路发展规律，把握铁路需求特征，立足当前、着眼长远作出的科学研判，是对铁路基础设施中长期发展作出的战略安排，符合我国铁路发展实际，是科学和可行的。

（四）重点任务更加聚焦

锚定2035年规划目标，推动路网建设实现量的合理增长和质的稳步提升，必须按照《规划纲要》重大部署，统筹高速、普速、城际及市域铁路协调发展。

一是加快建设现代高效的高速铁路网。建设由"八纵八横"高速铁路主通道为骨架、区域性高速铁路衔接的高速铁路网，推动构建综合立体交通网主骨架，实现省会城市和城区人口50万以上城市高铁通达覆盖、区际之间高效便捷畅通。一方面，科学有序推进高铁主通道缺失段建设，优化提升沿江、沿海等主通道整体效能，适时推进能力紧张区段的平行线建设，系统提升高铁主通道能力，优化提升网络功能和级配结构。另一方面，在有需求支撑的区域推进高铁连接线、高铁延伸线等区域性高铁建设，更好促进高铁主通道连接，拓展高铁网覆盖通达，扩大高速铁路覆盖面。

二是完善形成覆盖广泛的普速铁路网。建设由若干条纵横普速铁路主通道为骨架、区域性普速铁路衔接的普速铁路网，连接城区人口20万以上城市、资源富集区、货物主要集散地、主要港口及口岸。进一步优化完善普速铁路干线，实施川藏铁路、西部陆海新通道，强化进出新疆、西藏通道建设，优化集装箱、快捷、重载等货运通道网络布局。加强中西部地区、边疆地区以及资源丰富和人口相对密集贫困地区开发性铁路建设。统筹实施既有线扩能改造，不断提高普速铁路网运输能力。构建畅通高效的铁路集疏运系统，加快接入重要港口、规模物流园区和大型企业的铁路专用线和干线铁路集疏运线建设。

三是发展快捷融合的城际、市域铁路网。在经济发达、人口稠密的城镇化地区统筹规划建设城际和市域（郊）铁路，强化与干线铁路、城市轨道及机场的高效衔接，构建多层次、广覆盖、大容量、公交化的城市群快速轨道客运系统，打造城市群综合交通网的主骨干。以京津冀、长三角、粤港澳大湾区、成渝地区双城经济圈等地区为重点，以其他经济条件良好、运输需求旺盛的城市群为补充，在城市群中心城市与其他主要城市间发展城际客运铁路系统，提供通勤商贸服务，打造2小时城际交通圈，着力打造轨道上的城市群。在优先利用既有铁路开行市域（郊）列车的基础上，积极推动都市圈及超大（特大）城市中心城区与郊区、周边城镇组团间市域铁路规划建设，提供快速通勤服务，推动形成1小时市域交通圈。

五、铁路高质量发展主题更加突出

《规划纲要》围绕建设现代化经济体系和满足人民美好生活需要，充分把握各方式共性规律和个性特征，提出了推进综合交通统筹融合发展和高质量发展的主要任务。新阶段铁路发展必须贯彻新发展理念，使创新成为第一动力、协调成为内生特点、绿色成为普遍形态、开放成为必由之路、共享成为根本目的。

（一）推动铁路开放融合发展

一是打造互联互通铁路通道网络。推动共建"一带一路"高质量发展，提高对外开放水平，积极推进与周边国家铁路基础设施互联互通，优化铁路口岸及配套设施，强化境内后方通道路网建设，构建互联周边、联通亚欧、辐射"一带一路"的铁路国际运输大通道。加强与其他国家铁路规划建设对接，注重分类施策，推进重点项目共商共建共享。

二是完善国际铁路物流服务体系。建设中欧班列、西部陆海新通道等国际物流和贸易大通道，充分发挥中欧班列战略通道作用，积极开辟境外新通道，培育班列区域集结中心。合作建设境外枢纽节点，形成便捷高效的国际铁路联运网络。加强统一品牌建设，提高中欧班列发展质量效益。

三是深化铁路国际交流与合作。加强与铁路合作组织（铁组）、国际铁路联盟（UIC）等国际组织的沟通与联系，积极主办或参与高水平国际铁路交流活动，加强铁路国际交流互鉴。发挥中老铁路、雅万高铁等境外重点合作项目示范引领作用，推进铁路全方位高质量"走出去"。加强双边和第三方市场合作，拓展政府、社会、企业多层次合作渠道，加强铁路政策、规则、制度、技术国际交流与合作，进一步厚植合作基础，丰富合作内涵，提升合作水平。

四是推动各种运输方式一体化融合发展。规划建设布局合理、衔接顺畅、与站城及产运融合的铁路客货运枢纽站点，推进干线铁路、城际铁路、市域（郊）铁路和城市轨道交通"四网融合"，实现客运换乘"零距离"、物流衔接"无缝化"、运输服务"一体化"。结合城市总体规划，按照"零距离"换乘要求，打造便捷智慧、集约高效、平安绿色、站城融合的综合客运枢纽。推进铁路与其他运输方式信息互享、安检互信、票制互通、服务一体。按照"无缝化"衔接要求，打造高效货运综合枢纽，强化与其他运输方式无缝衔接，促进产业布局相互协调，完善集疏运体系、城市配送体系以及多式联运、高效换装转运等一站式设施功能，加强数字物流基础设施建设。

五是推动产业联动发展。推进与物流企业深度合作，强化铁路快运设备设施、标准技术、服务信息高效衔接。深度挖掘铁路发展新动能，强化与现代化经济体系融合发展。加强"互联网＋高铁网"双网融合，加强与沿线城镇、产业、民生等深度融合发展，推动与制造业、商贸业、农业、电子商务、旅游业更好联动发展。

（二）建设人民满意铁路

一是提升铁路创新发展水平。深化铁路供给侧结构性改革，补齐基础设施短板，提升产品和服务质量，培育发展新动能，促进行业供需在更高水平上的匹配和动态平衡。以"互联网＋"及"物联网＋"为推动力，运用第五代移动通信技术（5G）、人工智能等现代信息技术，实现铁路运输服务向信息化、智能化发展升级。激发"铁路＋"新业态新模式新动能，实现铁路运输服务立体纵深发展。

二是满足人民美好生活需要。提高客运服务能力，构建以高铁为主的大容量、高品质、高效率的区际快速客运服务系统。改善站车环境，提升服务品质。提高货运服务能力，形成区际快捷大能力通道。丰富和发展本地快捷物流链、区域大宗物流链、全国快运物流链、全球供应物流链，不断推出适应市场需求的铁路货运新产品。发展跨方式快速换装转运的标准化设备设施，形成统一的多式联运标准和规则。推进货运电子商务平台建设，发展"互联网+"智慧物流，降低物流成本，着力建设人民满意铁路。

三是着力打造绿色安全铁路。持续增强基础设施的安全性、耐久性和通行能力，提高运输装备的高速化、智能化、清洁化、标准化水平，打造以低碳为特征的资源节约型、环境友好型绿色智能谱系化轨道交通运输体系，构建科学合理、法治保障、规范自律、综合协同的铁路治理体系，全面提升铁路安全水平。

（三）坚持党的全面领导

坚持党的领导是中国铁路持续健康发展的根本保证，铁路行业必须始终坚持党的全面领导，坚持充分发挥社会主义制度优势，坚持以人民为中心，把党的领导始终贯穿到铁路建设发展全过程，充分发挥各级党组织的战斗堡垒作用，提高党把方向、谋大局、定政策、促改革的能力和定力，确保铁路各级部门充分履行职责，更好完成各项规划任务。

主要执笔人： 严贺祥、王忠刚、王强、谢晓东、王晖军、戴新鎏、梁栋、牛耀栋、袁世成、刘建军

奋力打造世界一流的国家公路网

公路组

公路作为最基础、最广泛的交通基础设施,是衔接其他各种运输方式和发挥综合交通网络整体效率的主要支撑,在综合交通运输体系中具有不可替代的作用。国家公路网作为我国公路网中最高层次路网,具有全国性和区域性政治、经济、国防意义,是国家综合立体交通网的重要组成部分。中共中央、国务院着眼于全面建设社会主义现代化国家,加快建设交通强国,印发了《国家综合立体交通网规划纲要》(以下简称《规划纲要》),作出构建现代化高质量国家综合立体交通网的重大战略部署,为新阶段国家公路网发展指明了方向,提出了要求。我们要紧紧围绕建设现代化高质量国家综合立体交通网,牢牢把握公路的基础性定位,着力优化结构、强化功能、完善布局、提升服务,推进国家公路网高质量发展,为全面建设社会主义现代化国家提供坚强支撑。

一、公路交通发展取得历史性成就，为实现第一个百年奋斗目标提供了有力支撑

改革开放四十多年来，我国公路交通运输发展取得了历史性成就，网络不断完善，结构不断优化，基本形成了以高速公路为骨架、国省干线为脉络、农村公路为基础的全国公路网，发展水平显著提升。公路网规模持续增加，2019年底全国公路总里程达到501万公里，是1978年的5.6倍。公路网结构不断优化，2019年底二级及以上公路里程达67.2万公里，是1979年的57倍，占全国公路总里程的比例由1.3%提高到13.4%。

（一）高速公路骨架逐步构建，显著提升了综合交通快速网服务效率

20世纪80年代末以来，我国高速公路从无到有，规模从零到世界第一，实现了跨越式发展。1988年，我国第一条高速公路——沪嘉高速公路建成通车。2013年底全国高速公路通车里程达到10.4万公里，首次跃居世界首位。2019年底全国高速公路通车里程达到15.0万公里。高速公路网络服务覆盖水平大幅提升，覆盖了98.8%的城区人口20万以上城市及地级行政中心，连接了全国约86%的县（市、区），京津冀、长三角、粤港澳大湾区、成渝等城市群已基本形成较为发达的

高速公路网。高速公路的快速发展，大大缩短了省际间、重要城市间的时空距离，大幅提升了综合交通快速网服务效率。

（二）普通国省干线网不断完善，对经济发展和城镇化建设发挥了重要作用

改革开放以来，在多轮科学规划的指导下，普通国省干线网络不断完善，通达深度不断提高。到 2019 年底，普通国道网规模达到 25.7 万公里，普通省道网规模达到约 39 万公里，已形成广泛连接全国县级及以上行政区、重要乡镇、产业园区、交通枢纽及旅游景区的普通国省干线网。技术等级结构显著改善，1981 年国道网二级及以上公路占比仅为 9.1%，到 2019 年全国普通国道二级及以上公路占比达到 74.6%，东、中部地区接近 90%。同时，普通国省干线的服务品质明显提升，路况水平不断改善，安全设施、便民服务设施等更加齐全，有效促进了沿线经济发展和城镇化建设。

（三）农村公路通达深度不断提高，为脱贫攻坚和乡村振兴提供了有力保障

农村公路是覆盖范围最广、服务人口最多、提供服务最普遍、公益性最强的交通基础设施。新中国成立以来特别是改革开放以来，随着经济社会发展，我国农村公路经历了由少到多、由普及到提高、由低级到较高级的发展过程，农村公路的路网密度、通达深度、技术等级不断提高，农村交通运输的服务能力和服务水平不断提升，对解决温饱、消除贫困、促进农村经济发展和农民生活总体达到小康水平发挥了重要的先行作用。特别是党的十八大以来，全面推进"四好农村路"建设，新改建农村公路超过 150 万公里，实现所有具备条件的乡镇、建制村通硬化路的兜底性目标，初步形成了以县城为中心，乡镇、建制村为节点，遍布农村、连接城乡的农村公路交通网络，极大地改变了农村地区交通面貌，为脱贫攻坚和乡村振兴战略提供了有力保障。

二、公路发展要锚定第二个百年奋斗目标，适应开启全面建设社会主义现代化国家新征程的更高要求

（一）构建新发展格局，顺应消费升级趋势，要求进一步完善公路基础设施网络，切实强化供给能力

构建以国内大循环为主体、国内国际双循环相互促进的新发展格局，是与时俱进提升我国经济发展水平的战略抉择，也是塑造我国国际经济合作和竞争新优势的战略抉择。同时，随着消费不断升级，新模式新业态加快发展，消费对经济发展的基础性作用进一步增强。国内市场内需潜力不断释放，保障各类要素在国内各区域间自由高效流动显得尤为关键。交通运输是国民经济中基础性、先导性、战略性产业，是重要的服务性行业，公路是综合交通运输体系中规模最大、覆盖面最广，受益人口最多的运输方式，在构建新发展格局中具有至关重要的

基础和保障作用。这就要求扭住扩大内需的战略基点，进一步完善公路基础设施网络，畅通"大动脉"，提升区域间主通道能力，完善"微循环"，加强公路网络对重要城镇、产业园区、旅游景区等经济节点的连接，优化供给结构，切实强化供给能力，畅通现代流通体系和国际物流供应链体系，形成需求牵引供给、供给创造需求的更高水平动态平衡，助力筑牢国民经济循环底盘。

（二）实现高质量发展，满足人民群众对美好生活的需要，要求提升公路交通服务质量和效率

党的十九届五中全会强调"十四五"时期经济社会发展要"以推动高质量发展为主题"。我国已转向高质量发展阶段，社会主要矛盾发生变化，人民生活水平持续提高，人民群众对运输服务的品质要求也不断提高，从"走得了"向"走得好""走得舒心""走得放心"转变，多层次、多样化、个性化的出行需求和小批量、高价值、快速化的货运需求不断增加。满足人民群众对美好生活的向往，是交通建设发展的根本出发点和落脚点。运输需求层次的不断提升，要求在继续加快完善公路基础设施网络的同时，更加注重提升服务质量和效率，提供多样化、人性化、高品质的公路运输服务，提升对运输需求的适配性，支撑现代流通体系构建，不断增强人民群众的获得感、幸福感、安全感。

（三）坚持创新驱动发展，全面塑造发展新优势，要求强化科技赋能，加快数字化发展，推动发展动力升级

创新是引领发展的第一动力，是建设现代化经济体系的战略支撑。党的十九届五中全会明确提出，坚持创新在我国现代化建设全局中的核心地位。《规划纲要》强调要注重科技赋能，促进交通运输提效能、扩功能、增动能。当前，新一轮科技革命正掀起产业变革的浪潮，数字经济、人工智能等新技术层出不穷，数字化、信息化正与各行业深度融合，交通领域的新业态、新模式和新技术不断涌现。这就要求公路交通抢抓重要发展机遇，注重科技创新赋能，加快数字化发展，促进前沿科技与公路交通的深度融合，争当新基建主力军，不断提高建设、管理、养护、运营的智能化水平，坚持走依靠创新驱动提升资源配置效率的发展之路，全面塑造发展新优势。

（四）统筹发展和安全，建设更高水平的平安中国，要求提高公路交通的安全保障能力和设施安全水平

当前和今后一个时期，要坚持总体国家安全观，实施国家安全战略，维护和塑造国家安全，把安全发展贯穿国家发展各领域和全过程，加强国家安全体系和能力建设，确保国家经济安全，保障人民生命安全，维护社会稳定和安全。公路交通是国民经济循环的动脉，是保障粮食、能源、矿产等民生和战略物资运输，维护国际国内产业链供应链安全的关键环节，是有效应对自然灾害、事故灾难、公共卫生事件和社会安全事件的关键保障。公路交通安全也与人民生命和财产安全息息相关。统筹发展与安全，要求进一步强化国防通道布设，提高公路网络系统韧性，加强应急物流体系建设，增强公路交通的安全保障能力。同时，牢固树立安全至上的发展理念，加强安全生命防护工程、危桥（隧）改造工程和灾害防治工程等建设，提升公路基础设施安全水平。

（五）践行绿色发展理念，构建生态文明体系，要求建设绿色循环低碳的公路交通运输体系，促进公路交通运输与自然和谐发展

生态文明建设是关系中华民族永续发展的根本大计，必须坚持绿水青山就是金山银山理念，深入实施可持续发展战略，构建生态文明体系，促进经济社会发展全面绿色转型，建设人与自然和谐共生的现代化。这就要求牢固树立生态优先理念，将生态环保理念融入公路交通运输发展各方面和全过程，推广公路绿色建设和运营技术，坚持集约节约利用土地、岸线等资源，加强节能减排和生态功能恢复，建设绿色循环低碳的公路交通运输体系，促进公路交通运输与自然和谐发展。

（六）推进交通强国建设，构建综合立体交通网，要求推动公路与其他运输方式融合发展，全面提升综合交通运输网络的整体效率

建设交通强国是以习近平同志为核心的党中央立足国情、着眼全局、面向未来作出的重大战略决策，是新时代赋予交通运输行业的历史使命。《规划纲要》提出"强化衔接联通,提升设施网络化和运输服务一体化水平,提升综合交通运输整体效率";"促进交通通道由单一向综合、由平面向立体发展,减少对空间的分割,提高国土空间利用效率。统筹考虑多种运输方式规划建设协同和新型运输方式探索应用,实现陆水空多种运输方式相互协同、深度融合"。推进交通强国建设,构建综合立体交通网,迫切需要公路交通充分发挥比较优势,统筹集约利用通道资源、优化通道能力配置,进一步提高与其他运输方式之间的衔接转换效率,推动各运输方式一体化融合发展,促进综合交通运输体系的合理衔接和高效运行。

三、准确把握国家综合立体交通网的布局理念和要求,用足存量、做优增量,优化完善国家公路网布局

国家公路网作为国家综合立体交通网的主要组成部分,主要承担国际间、区域间、省际和城际间的公路客货运输,主要联结首都与各省省会、自治区首府和直辖市,通达所有地级行政中心和县级行政区,覆盖重要交通枢纽、口岸、旅游景区和战略要地,在国家综合立体交通网中兼具骨干性和基础性双重功能。目前国家公路网在多轮规划科学引领和有序推进下,基本适应当前我国经济社会发展需要,在满足国家政治、经济、社会、国防及人民群众出行需要方面发挥了重要作用,但与全

面建设社会主义现代化国家的要求和人民群众对美好生活的向往相比，国家公路网主通道能力仍需提升、城市群地区互联互通还需加强、路网覆盖深度和网络韧性有待提高、与其他运输方式衔接协调还需进一步优化。

《规划纲要》提出到 2035 年，基本建成便捷顺畅、经济高效、绿色集约、智能先进、安全可靠的现代化高质量国家综合立体交通网，实现国际国内互联互通、全国主要城市立体畅达、县级节点有效覆盖，有力支撑"全国 123 出行交通圈"和"全球 123 快货物流圈"；到 21 世纪中叶，全面建成现代化高质量国家综合立体交通网。

优化基础设施网络布局，是构建现代化高质量国家综合立体交通网的核心任务和重要支撑。《规划纲要》对构建完善的国家综合立体交通网提出了布局理念和要求，明确要以统筹融合为导向，着力补短板、重衔接、优网络、提效能，更加注重存量资源优化利用和增量供给质量提升。国家综合立体交通网连接全国所有县级及以上行政区、边境口岸、国防设施、主要景区等。基本实现全国县级行政中心 15 分钟上国道、30 分钟上高速公路。这为优化完善国家公路网布局提供了基本遵循。

立足当前发展基础，着眼新发展阶段更高要求，要牢牢把握国家综合立体交通网布局理念和要求，按照"用足存量，做优增量"的思路，着力构建更加完善、更有效率、更高质量的国家公路网。一方面，要"用足存量"。在充分考虑提升既有设施能力、利用智能化及需求管理等手段提升存量资源潜力和服务品质的前提下，通过局部优化和适当调整，使既有路线功能更加完善、布局更加合理。这既体现了国家综合立体交通网的构建要求，也符合国家公路网的发展实际。另一方面，要"做优增量"。在充分挖掘存量资源潜力的基础上，强化对构建新发展格局、推动区域协调发展和新型城镇化、维护国家安全等国家战略实施的支撑和引领，按照构建现代化高质量国家综合立体交通网的目标要求，扩大优质增量供给，进一步系统优化完善国家公路网。

（一）畅通区域间、城市群间"大动脉"，有力支撑新发展格局构建

公路交通是形成国民经济良性循环、构建新发展格局的重要保障。随着区域重大战略、区域协调发展战略、主体功能区战略的深入实施推进，经济和人口向城市群、都市圈、大城市逐步集中，主通道和城市群等重点区域交通需求集聚趋势将更加明显。《规划纲要》结合未来交通运输发展和空间分布特点，提出按照"4极""8组群""9组团"之间的交通联系强度，加快建设高效率的"6轴、7廊、8通道"国家综合立体交通网主骨架，形成区域间、城市群间、省际间以及连通国际运输的主动脉。

在国家公路网中，国家高速公路侧重于提供高效率、高品质的运输服务，发挥"大动脉"和主干线作用，主要承担区

域间、城市群间、省际间的快速客货运输需求。近年来主通道交通量持续快速增长,部分国家高速公路路段车流量已经饱和,拥堵现象频繁,通行能力和运行效率亟待提高。优化国家公路网布局,要重点提升区域间、城市群间国家高速公路通道能力和服务水平,强化城市群核心城市之间国家高速公路的顺直便捷联系,进一步畅通"大动脉",提升国家公路主通道的服务效率与应急保障能力,实现区域间、城市群间"多通道联系",交通繁忙、城镇密集、人口集中地区"重要通道多路线",空间联系更加高效,有力支撑新发展格局构建。

(二)提高城市群、都市圈地区网络化水平,适应和引领新型城镇化发展格局

我国正处于城镇化快速发展阶段,未来将构建形成城市群—都市圈—中小城市 特色小镇协调发展的新型城镇化空间格局框架。《规划纲要》提出要推进城市群内部交通运输一体化和都市圈交通运输一体化发展,构建便捷高效的城际交通网,基本实现城市群内部 2 小时交通圈,打造 1 小时"门到门"通勤圈。

要着眼于适应和引领未来新型城镇化发展格局,着力推进形成网络更加完善的国家公路网布局。**一是**强化城市群内部重要节点间的联系,增强城市群国家公路网络的便捷性和可靠性,有力支撑 2 小时交通圈构建。**二是**要结合城市规划和未来发展趋势,着力完善中心城市国家公路网络,增强中心城市辐射带动作用，提高路网衔接转换效率，高效服务都市圈 1 小时通勤需求。**三是**加强中小城市和县城对外联系，实现全国市地级行政中心和城区人口 10 万以上市县的县级行政中心 30 分钟上国家高速公路、所有县级行政中心 15 分钟上普通国道，便捷服务基本覆盖全国，极大增强人民群众的获得感、幸福感、安全感。

（三）增强路网对旅游等新型消费的服务支撑，顺应消费升级新趋势

当前随着消费不断升级，消费对经济发展的基础性作用进一步增强。交通运输对于形成强大国内市场、健全现代流通体系具有至关重要的作用，对旅游等新型消费的服务支撑效果明显。《规划纲要》在推动交通与旅游、现代物流、装备制造等相关产业深度融合发展等方面提出了明确要求。

国家公路作为国家综合立体交通网的重要基础，要顺应消费升级新趋势，推动国家公路与旅游业、制造业、商贸物流业等关联产业深度融合，进一步强化国家公路网与 AAAAA 级景区、国家级风景名胜区等重要景区以及重要产业基地、物流园区的有效衔接，全面支撑国家旅游风景道建设，拓展新业态、新模式发展空间。

（四）强化路网系统韧性和安全性，提高保障国家安全和应对风险的能力

安全是交通强国建设中重要的价值取向，《规划纲要》从国家安全和系统韧性两个方面提出了强化国家综合立体交通网安全保障能力的发展要求。要统筹发展和安全，着力形成安全可靠、保障有力的国家公路网布局。**一**是要全面贯彻落实总体国家安全观，强化沿边沿海公路布局，加快打造串联沿边沿海地区的国家公路通道，显著提升快速机动保障水平，有效提高保障国家安全能力。**二**是要重点完善灾害频发、地理自然阻隔、迂回绕行严重区域的国家公路网络布局，加快推进多通道、多路径建设，强化国家公路网的系统韧性和应对各类重大风险能力，提高路网运行的安全性和可靠性。

按照构建国家综合立体交通网的要求，统筹考虑发挥各种运输方式比较优势和综合交通运输整体效率，经系统优化和研究论证，到2035年，国家公路网规划规模46万公里左右，约占未来全国公路网的7.7%，这一比重与美国、日本、德国等发达国家大致相当。其中，国家高速公路网16万公里左右，由7条首都放射线、11条纵线、18条横线及若干条地区环线、都市圈环线、城市绕城环线、联络线、并行线组成，较既有规划新增2.1万公里，基本实现90%的县级行政中心30分钟上国家高速公路；普通国道网30万公里左右，由12条首都放射线、47条纵线、60条横线及若干条联络线组成，较既有规划新增3.5万公里，基本实现全国县级行政中心15分钟上普通国道。

各省（区、市）应加快优化完善省级公路和农村公路规划，合理确定规划目标和建设规模，与国家公路网布局规划做好衔接。尤其是在地方高速公路规划建设中，各地应统筹考虑资源禀赋和要素约束，充分挖掘存量资源，合理把握高速公路规划规模和建设节奏，严守债务风险底线。

四、强化融合衔接、注重创新驱动，统筹推动国家公路网高质量发展

我国已转向高质量发展阶段，正处在转变发展方式、优化经济结构、转换增长动力的攻关期，建设现代化经济体系是跨越关口的迫切要求和我国发展的战略目标。《规划纲要》提出了推进综合交通统筹融合发展的重点领域，以及推进综合交通高质量发展的主要任务。国家公路网作为国家综合立体交通网中可达性最好、方便性最高、个性化最强的网络，是衔接其他各种运输方式和发挥综合立体交通网整体效率的主要支撑，在做好科学论证、稳步有序推进规划实施的同时，需要更加强化与其他运输方式的一体化建设实施，更加强化与国土空间规划和相关产业的融合发展，更加注重依靠科技、数据等新生产要素培育新动能，更加注重绿色集约发展和治理能力提升，坚持走依靠创新驱动提升资源配置效率的发展之路。

（一）强化国家公路网与其他运输方式的一体化融合

立足公路技术经济特征和与其他运输方式的比较优势，推

进国家公路网与其他运输方式网络的有机衔接、优势互补和融合发展，提高综合立体交通基础设施网络的整体性、协同性。**一是**加强运输枢纽的一体化衔接。加强国家公路对铁路站、机场、港口等枢纽节点的衔接，扩大铁路、水运、民航运输服务范围，有力支撑"全国 123 出行交通圈"和"全球 123 快货物流圈"建设。**二是**协同推进综合运输通道的一体化建设。节约集约利用通道线位资源，开展重要的江河、海湾跨越通道以及特大城市、大城市和城市密集区的公路与铁路、轨道交通共用通道的规划建设，探索综合运输通道线位、桥位资源集约利用、合理利用的模式和途径，促进综合交通线位、桥位资源共用共享。**三是**推动城市群道路网络的一体化构建。加强国家公路与城市道路的高效对接，推动规划建设统筹和协同管理，城区路段灵活采用、合理选用技术标准，绕城路段和穿城路段系统优化布局，减少对城市的分隔和干扰。

（二）强化国家公路网与国土空间规划和相关产业的融合发展

一是在国家公路网布局规划及建设项目前期工作开展过程中，积极对接国土空间规划，做好国家公路线位与"三区三线"的协调衔接，实现线位资源的有效预留。**二是**强化国家公路与旅游业深度融合发展，提升国家公路对重要旅游景点景区的服务能力，丰富拓展国家公路服务区、沿线配套设施服务功能，注重与公路沿线自然景观、历史人文等融合设计。

(三)更加注重依靠科技、数据等生产要素培育新动能

注重科技创新赋能交通发展,推动新一代信息技术、人工智能、新材料等前沿科技在国家公路上的深度应用。**一是**按照"系统谋划、稳妥有序,试点先行、总结推广,标准引领、产业发展"的方针,稳妥有序推进国家公路基础设施智慧升级,大力发展"新基建",打造技术可靠、运行安全、管理规范、服务优质的一流智慧公路设施。**二是**推动国家公路基础设施与信息网融合发展,加快实现国家公路网规划、设计、建造、养护、运行管理等全要素、全周期数字化,加快布局建设全方位公路交通感知网络,构建先进的交通信息基础设施。**三是**加强国家高速公路电子不停车收费系统(ETC)数据、省际不停车收费系统数据、导航数据、手机信令等各类相关数据挖掘和融合应用,构建载运工具、基础设施、通行环境有效互联的交通控制平台,提升数字化管控和科学决策水平。

(四)更加注重绿色集约发展和治理能力提升

一是加强资源集约节约利用,挖掘存量资源潜力,提升设施使用效率,改扩建公路和升级改造工程要充分利用原有设施。推进科学选线选址,避让基本农田、严守生态保护红线,提高用地用海效率。**二是**加强国家公路沿线生态环境保护修复和路域环境改善,将生态保护理念贯穿到公路规划、设计、建设、养护和运营全过程,积极推行生态环保设计,推广使用低污染、可循环建筑材料和施工工艺等,切实降低对生态环境影

响。**三是**按照交通运输领域中央与地方财政事权和支出责任划分改革要求，提升中央对国家公路的宏观管理、专项规划、政策制定、监督评价、路网运行监测和协调的能力和效率，加快建立健全以大数据、信用信息共享为基础，以法律法规和标准规范为引领，全面适应国家公路网高质量发展的体制机制。

主要执笔人：任锦雄、王太、石良清、马俊、马骥、张金发、王恒斌、饶宗皓、王宇、徐华军、肖春阳、崔姝、黄谦

加快构建现代化水运发展新格局

水运组

《国家综合立体交通网规划纲要》（以下简称《规划纲要》）是《交通强国建设纲要》的细化、实化，是我国综合交通基础设施体系的顶层规划。《规划纲要》从综合立体交通布局、统筹融合发展、高质量发展等方面提出了建设目标和发展任务，对我国水运发展格局构建、高质量发展任务等提出了总体要求，是未来我国水运发展和规划建设的重要依据。为深入学习贯彻《规划纲要》，本文从水运发展现状、发展面临的新形势新要求、水运发展新格局构建、水运高质量发展、规划布局效果展望等方面，谈谈学习体会和思考。

一、准确把握我国水运发展现状

（一）发展基础

我国水运资源丰富，拥有大陆海岸线1.84万公里、岛屿海岸线1.4万公里、南京以下长江岸线800余公里，分布有61个沿海港口；流域面积50平方公里及以上的河流总长151万公里，内河航道通航里程12.7万公里，内河港口359个，主要分布在长江、珠江、京杭运河及淮河、黑龙江及松辽等四大水系。

2006年颁布实施的《全国沿海港口布局规划》明确，将全国沿海港口划分为环渤海、长江三角洲、东南沿海、珠江三角洲和西南沿海5个港口群体，布局24个沿海主要港口，形成煤炭、石油、铁矿石、集装箱、粮食、商品汽车、陆岛滚装和旅客运输等8个运输系统的布局。2007年颁布实施的《全国内河航道与港口布局规划》明确，形成长江干线、西江航运干线、京杭运河、长江三角洲高等级航道网、珠江三角洲高等级航道网、18条主要干支流高等级航道组成的"两横一纵两网十八线"（简称2-1-2-18）和28个内河主要港口布局。

经过多年建设和发展，沿海港口空间布局基本形成。以上海港、大连港、天津港、青岛港、宁波舟山港、深圳港、广州港等主要港口为引领，地区性重要港口和一般港口共同发展的多层次发展格局总体形成。主要港口运输规模大,对经济贸易影响广,发展能级不断提升,具备较强的国际竞争力和影响力。内河水运建设全面加快,航道条件明显改善,支撑作用不断增强,基本建立了以"两横一纵两网十八线"1.9万公里高等级航道和内河主要港口为核心和骨干的基础设施体系布局。长江干线、西江航运干线、京杭运河、长江三角洲和珠江三角洲高等级航道网成为综合交通运输体系的骨干,是区域协调发展的重要纽带和沿江(河)产业布局的重要依托。

截至 2019 年底,全国港口拥有万吨级及以上泊位 2520 个,其中专业化泊位 1332 个;完成货物吞吐量 139.5 亿吨,其中,外贸货物 43.2 亿吨,集装箱 2.6 亿标准箱,煤炭及制品 26.3 亿吨,石油、天然气及制品 12.1 亿吨,金属矿石 22.2 亿吨。我国港口吞吐量多年稳居世界第一,全球货物吞吐量前十大港口和集装箱吞吐量前十大港口中我国港口均占 7 席。水运承担了全国 90%以上的外贸物资运输和大量的跨区域物资交流,在促进经济发展、支撑全面对外开放、保障经济安全等方面发挥了重要作用。

(二)存在问题

经过多年建设和发展,我国水运已具备较好的发展基础,已处于一个新的历史起点上,但与新时代新要求相比,发展不平衡不充分问题仍较为突出。主要体现在:**一是**与建设海运强国要求相比,航运现代服务功能仍是短板,船舶登记、航运金融、航运保险、海事仲裁等高端服务能力有限、层级偏低，国际竞争力总体不强。**二是**高质量、高效率的港口枢纽体系建设滞后，水运在国家综合交通运输体系和物流体系中"内引外联"的综合枢纽作用尚未得到充分发挥，综合服务水平有待提高。**三是**内河航道布局仍不完善，高等级航道占比偏低，与欧美内河水运发达国家相比存在明显差距，航道网络化程度不高，内河水系间沟通不足。**四是**航道资源、港口资源利用保护有待加强，内河航道线位资源保护不够，部分通航建筑物建设标准偏低，或未能预留复线建设位置，部分地区跨河桥梁净空未严格按统一标准控制等。

二、深刻认识我国水运发展面临的新要求

（一）宏观形势

当前和今后一个时期，我国水运发展仍然处于重要战略机遇期，但机遇和挑战都有新的发展变化。当今世界正经历百年未有之大变局，新一轮科技革命和产业变革深入发展，国际力量对比深刻调整，和平与发展仍然是时代主题。未来一个时期外部环境中不稳定不确定因素明显增加，存在不少可能冲击国内经济发展的风险隐患，新冠肺炎疫情影响广泛深远，经济全球化遭遇逆流。我国已转向高质量发展阶段，经济长期向好，物质基础雄厚。我国将坚定不移贯彻新发展理念，以推动高质

量发展为主题，以深化供给侧结构性改革为主线，加快构建以国内大循环为主体、国内国际双循环相互促进的新发展格局。水运属于国民经济循环的流通环节，是现代物流体系建设的重要一环。水运承担着更好地服务构建新发展格局、推动现代产业体系发展、支撑高水平对外开放、促进区域协调发展、助力绿色低碳和安全发展等重要使命和要求。

构建新发展格局和发展现代产业体系，要求进一步发挥水运成本低、运量大、能耗低、占地少的优势，进一步强化沿海港口纵深服务腹地拓展和中西部地区内河水运发展，升级水运大通道的功能，提升在综合交通运输中的占比，强化多式联运和全程物流发展，助力现代物流体系构建，降低物流成本。构建高水平对外开放和共建"一带一路"，要求进一步强化港口战略支点和航道内引外联作用，培育国际合作竞争新优势。京津冀协同发展、长江经济带发展、粤港澳大湾区建设、长江三角洲一体化发展等重大战略实施，要求水运发展优沿海、强内河，提升支撑服务能力和区域协同发展水平。坚持创新驱动发展和推动绿色发展，要求推动智慧港口、智能航运、绿色航道等水运新基建项目建设，推动水运绿色发展，加快公路、铁路等港口集疏运设施建设，推进"公转铁""公转水"。统筹发展和安全，要求提升海运、港口的服务保障能力，提升关键海运通道安全，打造自主可控船队，完善海外港口支点网络布局，提升对粮食、能源和矿石等的运输保障能力。

(二) 需求预测

《规划纲要》对我国交通运输面临的国际、国内环境进行了分析判断，提出了未来我国交通客货运输需求总体发展趋势以及新的阶段性特征。我国水路货运需求与交通运输货运需求的总体发展趋势基本一致，仍保持持续增长，在某些方面呈现一些具有行业特点的结构化特征。

我国港口货物吞吐量将保持增长。考虑未来我国经济发展、贸易发展、产业结构转型等趋势，同时结合主要货类吞吐量未来发展趋势分析预测，预计2035年全国沿海港口货物吞吐量将超过135亿吨，年均增速1.5%左右。分区域看，西南沿海、东南沿海区域港口货物吞吐量和南北运输大通道、海进江等运输需求保持较快增长。从主要货类吞吐量发展趋势看，集装箱的比重继续提升，相应的物流服务需求多样化、个性化趋势凸显；铁矿石、煤炭、矿建材料的比重接近高位；石油、钢铁、水泥、粮食、非金属矿、木材等货类吞吐量持续增长。

我国内河货物运输需求将保持持续平稳增长；江海运输得到进一步发展；货类结构持续调整，集装箱和商品汽车运输较快增长；内河货运量仍集中在"两横一纵两网"地区，并加快向支流延伸；随着人民生活水平的提高，旅游客运将成为内河水运的重要增长点。预计2035年我国内河运输船舶货运量将达到 60 亿吨左右，年均增速 2.8% 左右。分区域看，中西部增长快于东部，支流快于干流。我国东中西部经济发展阶段不同，在长江、珠江等流域，体现为上游、中游、下游梯度发展态势；未来这种发展态势仍将持续，部分产业将继续从东部地区向中西部转移，长江、珠江中上游的经济增速快于下游地区，水运量增长也将呈现中西部快于东部的特点。

（三）水运发展总要求

《规划纲要》明确了国家综合立体交通布局的总体思路、基本原则和发展目标，明确了国家综合立体交通布局，从综合交通统筹融合发展、高质量发展等方面提出了重点任务和发展举措。

构建我国现代化水运发展格局，应以习近平新时代中国特色社会主义思想为指导，深入贯彻党的十九大及十九届二中、三中、四中、五中全会精神，坚定不移贯彻新发展理念，坚持以高质量发展为主题，坚持以供给侧结构性改革为主线，统筹发展和安全，贯彻落实《交通强国建设纲要》，对标"四个一流"，着力完善布局、推进区域协同、提升服务保障、强化安全绿色发展，实现水运高质量发展，助力现代化经济体系建设，助力高水平对外开放，保障国家重大战略实施。

坚持"服务国家战略、强化陆海统筹、推进整体协同、安全绿色发展"四大原则，到 2035 年，努力打造功能层次清晰、保障能力充分、战略支撑力强、绿色安全高效的现代化沿海港口体系，基本形成安全畅通、经济高效、绿色智能的现代化内河水运体系，内河水运资源得到科学利用，比较优势得到充分发挥，服务国家战略的保障能力显著增强，为交通强国建设和基本实现社会主义现代化国家提供有力支撑。

三、着力构建我国现代化水运发展格局

《规划纲要》明确了国家综合立体交通布局，分别提出了国家综合立体交通网、综合立体交通网主骨架、综合交通枢纽系统等布局方案。水运现代化发展的总体格局是，规划布局63个全国主要港口和"四纵四横两网"的国家高等级航道，其中规划布局了11个国际枢纽海港。

（一）打造具有全球竞争力的国际枢纽海港

《规划纲要》布局上海港、大连港、天津港、青岛港、连云港港、宁波舟山港、厦门港、深圳港、广州港、北部湾港、洋浦港11个国际枢纽海港，旨在打造具有国际影响力和资源配置能力的航运枢纽，提升国际影响力与竞争力，引领沿海港口转型升级与现代化发展，创建中国品牌、中国规则、中国标准、中国方案。

国际枢纽海港是航运枢纽和国际物流中心，现代港航服务功能发达，是对外开放的核心门户，具有服务职能的国际性、群体发展的中心性和港口功能的先进性等显著特征。

（二）强化主要港口的综合枢纽功能

沿海主要港口是外贸物资和大宗能源原材料物资的重要集散中枢、国家重要的综合交通枢纽，对完善综合交通运输体系和促进区域经济发展具有重要作用。在原来规划的基础上，综合考虑完善沿海港口体系、促进综合交通运输体系发展、推动国土空间开发、支撑对外开放和推动海南自贸港建设等，新增3个港口纳入沿海主要港口。按照"加强支撑、促进协同、拓展腹地、完善系统"的思路，在航运条件较好的支流高等级航道上，本着战略地位突出、发展基础最好、发展潜力较大的原则，依托国家高等级航道沿线的省会城市和重要地级城市，与综合交通枢纽和开放口岸协同布局，综合考虑区域协调发展和保障重点物资运输需要，增加8个港口纳入内河主要港口布局。最终形成了63个全国主要港口，包括27个沿海主要港口和36个内河主要港口。

（三）布局"四纵四横两网"国家高等级航道

国家高等级航道是全国内河航道的核心和骨干，是国家综合交通运输体系的重要组成部分，沟通重要区域和城市，连接主要工矿基地和综合交通枢纽等，在大宗散杂货、集装箱等重要物资中长距离运输中发挥重要作用。国家高等级航道的发展规划技术等级原则上为三级及以上，可通航千吨级以上船舶。

国家高等级航道布局的主要思路是在原"两横一纵两网十八线"内河高等级航道布局的基础上，按照"强化通道、沟通水系、辐射延伸、通达海港"的思路对原布局进行拓展完善。具体考虑：**一是**依托主要大江大河航道，强化东西向跨区域内河水运通道；**二是**布局具有重大战略意义的水系沟通运河，构筑南北向跨流域水运通道；**三是**利用各水系支流航道辐射延伸，实现重点覆盖、局部成网；**四是**促进开放融合，加强通江达海及国境国际河流航道布局；**五是**根据生态保护等要求调减局部线路，绕开局部生态敏感区和城市中心区，最终形成"四纵四横两网"的总体布局。

其中，"四纵"主要包括京杭运河、江淮干线、浙赣粤和汉湘桂四条跨流域水运通道；"四横"主要包括长江干线及主要支流、西江干线及主要支流、淮河干线及主要支流、黑龙江及主要支流四条跨区域水运通道；"两网"包括长江三角洲高等级航道网和珠江三角洲高等级航道网。到2035年，国家高等级航道建成2.5万公里左右，其余国家高等级航道按发展规划技术等级加强资源保护，根据流域经济社会发展需要，结合水资源开发利用等适时建设。

四、细化明确我国水运高质量发展任务

《规划纲要》明确提出了综合交通统筹融合发展的任务，并从安全、智慧、绿色、人文、治理能力等方面提出了推动综合交通高质量发展的关键举措。按照《规划纲要》提出的总

体任务，结合水运行业发展实际，从区域港口群、航运服务、港产城融合、绿色发展、智慧水运、平安水运等方面进一步细化水运高质量发展任务。

（一）构建协同高效的港口群

加强辽宁沿海、津冀沿海、山东沿海、长江三角洲、东南沿海、珠江三角洲、西南沿海七大港口群的统筹协调、分类指导，提升协同发展水平和整体竞争力。津冀沿海、长江三角洲、珠江三角洲三大港口群以高效协同、提质增效为方向，优化港口群发展结构，强化综合服务水平。辽宁沿海、山东沿海、东南沿海、西南沿海四大港口群注重错位发展和协同发展，进一步突出发展重点，提升整体发展水平。

打造具有全球竞争力的国际枢纽海港。以国际枢纽海港、航运中心为引领，强化港口支撑和保障国家战略实施能力，丰富国际航线，提升服务能力，打造航运枢纽和国际物流中心，构建对外开放和政策创新新高地。加快上海同长三角共建辐射全球的航运枢纽，支持上海国际航运中心、大连东北亚国际航运中心、天津北方国际航运中心、厦门东南国际航运中心建设，推进大连港、天津港、青岛港、宁波舟山港、厦门港、深圳港、广州港等集聚现代航运服务要素，提升国际竞争力。支持连云港港、北部湾港、洋浦港等在全面深化改革开放中发挥更大作用，更好地服务"一带一路"建设。

强化主要港口综合运输枢纽功能。按照"四个一流"要求,着力提升主要港口、重要港区专业化水平,加强集约化、规模化公用港区建设。强化主要港口集疏运体系规划建设,加强通道资源的综合利用与有效保护,做好与城市交通的协调,建设畅通、可靠的集疏运体系。应用现代信息技术,提升枢纽服务效率与品质,创新多式联运模式,加快多式联运发展,提升港口集装箱铁水联运比例,增强区域辐射能力。促进临港产业集聚集群,打造一批具有国际竞争力的智能、绿色、低碳的先进制造业和重化工业基地。

(二)提升现代航运服务水平

加快发展现代航运服务业。以主要港口及大型港口城市为主要依托,加快现代航运服务业发展。完善船舶和航运交易市场体系,规范发展船舶交易、拍卖、评估、咨询,加快航运金融、保险、仲裁、信息、人才等高端服务业发展。大力发展航运总部经济,促进航运要素聚集,形成区域性港航企业、人才、资金、信息高地。鼓励港航企业加强与服务业融合,创新商业模式,全面推进船舶管理、船舶代理、水路客货运代理等传统航运服务业的转型升级。充分利用双边、多边国际合作机制,促进国际交流与合作,积极参与国际航运服务业相关标准、规则的制修订。

提高内河船舶技术水平。以船型标准化工作为抓手,综合运用技术、经济、政策手段,提高内河船舶的技术水平。提高船舶尺度与船闸尺度匹配性,支持各地区研究实施限制非标准船型过闸。

大力发展高品质旅游客运。推动旅游航道建设，完善旅游客运码头布局，培育水上旅游特色精品航线。提高城市水上观光客运品质，依托大中型港口城市，结合沿江河风光带建设，兼顾旅游客运和公共交通，合理布局旅游观光码头和停靠点，优化航线布置。积极发展库湖区生态休闲旅游客运。完善沿海邮轮、滚装及旅游客运码头布局，提升客运服务品质。

（三）推进港产城融合发展

推动港口与城市、产业互动。重点完善保税区、工业区、出口加工区以及保税港区等产业园区发展，构建多功能、多层次的产业结构。以港口为龙头、园区为载体、城市为核心，形成港口、物流园区、城市互为依托、互融共生的发展格局。遵循港口产业升级和服务转型的路径，加快会展、旅游、免税购物等消费性产业发展。加快建设航运服务业集聚区。

强化港口发展的城市软环境配套。完善金融、投资、贸易和人员流动的政策，吸引国际贸易商和托运人。加大科技创新，提高港口综合服务水平，优化口岸通关环境，创新海关监管、查验模式。推进港口公共信息服务平台建设，完善港口、航运、货主、代理、口岸监管部门间的电子数据联网交换。推动水运口岸"单一窗口"功能覆盖水运全体系，实现港航、海事、海关、边检等部门的监管信息互联互通，建立信息互换、监管互认、执法互助合作机制，优化口岸营商环境。

推进老港区港口功能结构调整与优化。鼓励在继续保持老港区港口服务功能的前提下，根据市场变化和城市发展要求，对老港区码头设施、生产要素进行必要的整合，实现老港区港口功能结构的优化和服务能力的提升。加强老港区整体改造工作，发展集约化、专业化、现代化港区。根据市场需要注重将老港区老旧码头改造为内贸集装箱和通用泊位，缓解通过能力不足等问题。结合城市发展和环保要求，实施老港区散货泊位改造，发展专业化散货运输。鼓励以老港区功能调整为契机，发展港口物流，拓展增值服务。

(四) 发展绿色水运

高效利用港口资源。加强核心港口岸线资源保护，推进岸线资源节约集约利用。全国沿海港口规划利用的自然海岸线总量不增加。严格控制长江干线港口岸线规划利用总量，原则上不突破现有规划港口岸线规模。通过政府引导、资本运作等方式加强岸线资源整合，提高利用效率。坚持控总量、调存量、优增量、提效率，引领内河港口集约化、规模化发展。推进辽东湾、津冀沿海、江苏沿江、珠江口等区域航道、锚地资源的共享共用。

发展绿色港口。根据国土空间规划和围填海政策要求进行港口发展与建设，科学确定开发规划。港口规划、建设、运营全过程加强绿色创新，完善生态保护工程措施。推进港口机械、运输车辆的低碳化，提高铁路、水运集疏港比例。严格执行船舶排放控制区政策，提高船舶使用岸电比例。推进环境风险应急体系建设，切实防范海上溢油等环境风险。全面推进港口和船舶污染物接收设施建设，完善煤炭、铁矿石等散货码头防风抑尘设施和原油、成品油码头油气回收设施。推进液化天然气加注码头建设，提高港口新能源和清洁能源使用比例。

构筑水运与生态、旅游、文化融合的绿色航道。优先采用生态影响较小的航道整治技术与施工工艺，全面推广生态型构筑物和生态友好型新材料的应用，加强航道整治河段的生态修复，探索建设航道生态涵养区。科学规划建设沿线配套景观节点设施，共同构建特色旅游航道。加强京杭运河等沿线历史遗迹资源保护和综合开发，统筹规划布局航运文化相关平台、产品等载体，打造航运文化标识，保护好、传承好、利用好航运历史文化。

发展清洁低碳、先进适用的内河船舶。严格防控船舶污染，从严执行船舶强制报废制度；严格按照标准安装配备船舶生活污水和垃圾收集储存设施；加快推广低排放、高能效船型，稳步推进液化天然气（LNG）燃料、纯电动力等清洁能源船舶研究和应用。

（五）建设智慧水运

加强科技创新，全面提升港航信息化水平。大力应用北斗导航、第五代移动通信技术（5G）、人工智能、区块链、物联网、大数据等技术，提高港口作业的综合生产效率和安全性，推进港口服务和监管的信息化，重点在港口智能生产、智慧物流、危险货物安全管理等方面，建设智慧港口。积极推进新一代自动化码头、堆场建设改造。

推动内河港口设施装备和运输船舶智能化。提升内河港口搬运、包装、仓储等作业装备成套、自动化和节能水平，推动自动化装卸和仓储设备等应用。综合应用数据资源，实现货物自动识别、实时跟踪、智能配货、智能装载，提供"一站式""一单到底"服务。推进内河船舶信息化、智能化技术应用与推广。

（六）建设平安水运

优化危险货物码头及相关设施布局，强化港口区域安全风险管控。依法停产、改造或搬迁安全距离不符合相关规范要求的设施。港口周边城区功能布局应与港口发展充分协调，并保持足够安全距离。完善优化海事监管、救助打捞、治安防控等系统布局，建立港口安全双重预防机制与应急保障联动协调机制。落实港口企业安全生产主体责任，提升港口突发事件应急管理、协同处置和指挥决策能力。

提升水上交通安全监管和应急能力。以长江干线、西江干线、京杭运河等国家高等级航道为重点，统筹巡航救助船舶及基地布局，完善航标测量、安全监管、救助打捞、水上溢油及危险化学品泄漏事故应急等装备配置，提升内河水上交通安全通信监控和应急指挥能力，积极探索无人机、无人船等先进设备和卫星、无线宽带等先进技术在安全应急领域的应用。

五、展望水运规划布局实施效果

针对水运布局方案，从支撑高水平对外开放、促进国土空间布局优化、支撑交通强国建设、推动绿色低碳发展等方面的实施效果进行展望。

（一）有力支撑高水平对外开放

《规划纲要》提出了国际枢纽海港的概念和布局方案，其目的就是要打造具有国际影响力和资源配置能力的航运枢纽，构筑开放层次更高、营商环境更优、辐射作用更强的对外开放的战略支点。沿海主要港口在"一带一路"互联互通中发挥重要支点作用。内河主要港口所在城市覆盖开放口岸20多个，形成辐射内地、沟通国际国内市场的外贸运输体系，为内陆地区开放型经济发展提供更加有力的支撑。

港口布局方案，包含了"一带一路"建设提到的14个国内沿海港口城市，与陆上6大经济走廊中的4个实现直接联通，通过海上航线，能够与全球5大洲、200多个国家和地区、600多个主要港口实现联通，将有力支撑"一带一路"建设和我国对外开放新格局的形成。

（二）促进国土空间布局优化，推进区域协调发展和新型城镇化

《规划纲要》布局的国家高等级航道，连接14个省会城市、120多个地级行政区，覆盖区域人口占全国人口总数的52%，占国内生产总值的63%，有效连接了长江中游城市群、成渝城市群、江淮地区、哈长地区等国家重点开发区域，长江三角洲和珠江三角洲等优化开发区域，通达主要煤炭、矿石、矿建材料产地，沿江河布局各类经济开发区，更加有力地支撑了我国国土资源开发和产业发展。

《规划纲要》紧密围绕港口在国家城镇化战略实施中的定位，与国家城镇发展轴带、重点城市群布局充分衔接，布局建设天津港、上海港、宁波舟山港、连云港港、深圳港、广州港等国际枢纽海港，支撑京津冀、长江三角洲、珠江三角洲等世界级城市群建设。提出的港口布局方案，辐射到19个城市群中的10个，其中包括未来将重点打造的三大世界级城市群，辐射总人口近12.1亿人，占全国的86%，其中，辐射到的城镇人口约7.1亿人，占全国的87%，能够有力支撑我国城镇化战略的深入实施，更好满足都市圈经济发展需要。

（三）更好支撑交通强国建设，促进综合运输大通道、综合交通枢纽和物流网络完善

布局国际枢纽海港，强化开放创新，提升国际竞争力和影

响力。完善主要港口布局，强化重要枢纽性港区及其集疏运体系建设，提升综合枢纽功能，引领多式联运发展，构建现代物流体系。沿海主要港口是国内大循环和国际大循环的有效衔接点，为充分利用国内国际两个市场两种资源，促进以国内大循环为主体、国内国际双循环相互促进的新发展格局构建提供支撑。

沿海主要港口将承担 85% 以上的全国沿海港口吞吐量、95% 以上的外贸远洋干线集装箱运输量、90% 以上的外贸进口矿石运输量和 85% 以上的外贸进口原油接卸量。"四纵四横"水运通道将成为国家综合运输通道的重要组成部分。内河水运在大宗散货、重大件等特种运输中的作用进一步发挥，在集装箱、商品汽车滚装等运输中的作用明显增强，集装箱、大宗散货直达与中转相互补充的江海运输体系更加完善。铁水联运得到快速发展，内河水运与其他运输方式分工协作、形成组合效率。

（四）促进绿色低碳发展和水资源综合利用

《规划纲要》进一步提高了部分航道等级，有利于内河运输船舶大型化、降低能源消耗，预计 2035 年内河货运船舶吨公里油耗可较现状降低 30%，全国内河运输船舶每年减少能耗约 1000 万吨标准煤，减少二氧化碳排放约 2180 万吨，为节能减排作出更大贡献。

《规划纲要》优化了国家高等级航道布局方案，实施过程也将与水利、水电建设密切合作，航道疏浚和扩挖可增大河道行洪能力，减轻防洪压力，航道整治配套护岸工程有利于防止水土流失，航道渠化和运河连通将实现通航、防洪、发电、灌溉等综合效益。

主要执笔人：苏杰、柳鹏、朱鲁存、李善友、刘长俭、王达川、冯宏琳、梅蕾、袁子文、邬志华、郭青松、尹振军、黄东旭

加快建设现代化民航基础设施体系

民航组

国家综合立体交通网是加快建设交通强国、支撑全面建设社会主义现代化国家的战略基石。《国家综合立体交通网规划纲要》（以下简称《规划纲要》）提出了构建便捷顺畅、经济高效、绿色集约、智能先进、安全可靠的现代化高质量国家综合立体交通网，为新时代民航基础设施建设和发展指明了方向，提出了要求。民航要加快建设现代化民航基础设施体系，推动综合交通高质量发展，积极服务国家战略，建设人民满意民航。

一、深刻认识建设现代化民航基础设施体系的重大意义

（一）建设现代化民航基础设施体系是全面建设人民满意交通的基本要求

"人民对美好生活的向往，就是我们的奋斗目标"。坚持人民航空为人民的发展理念，让民航改革发展成果惠及社会大众，不断提升航空服务的满意度和获得感，是民航的根本服务宗旨和最终发展目标。随着人们生活水平持续提升，未来一段时期我国消费和交通出行将处于升级加速阶段。人民群众交通出行的大众化、国际化和多元化趋势更加明显，要求民航不断提升服务质量和丰富服务产品，不断增强人民群众对民航的获得感、幸福感、安全感。在保障运输需求规模持续增长的同时，民航发展还要在做好"基本型"的基础上，积极响应市场大众化和差异化需求，灵活调配资源，推进"民航+"航空服务生态圈，构建多样化、融合化和一体化的"升级款"航空服务产品体系，支撑"全国123出行交通圈"和"全球123快货物流圈"的交通强国目标。更高水平民航服务体系需要更高质量的基础设施支撑体系，这要求加快推进民航基础设施在安全、高效、可持续和公平性等方面实现更高水平的发展。

（二）建设现代化民航基础设施体系是构建新发展格局的时代要求

随着全面小康社会的建成，我国将开启全面建设社会主义现代化国家的新征程。党的十九届五中全会指出，要构建系统完备、高效实用、智能绿色、安全可靠的现代化基础设施体系。交通不仅是现代化经济体系的有机组成部分，还是促进实体经济建设、构建新发展格局、发展现代产业体系的战略支撑。与其他运输方式相比，民航在中长途旅客运输、国际旅客运输、地面交通不便地区运输、高附加值货物运输、高时效货邮运输等方面具有独特优势。在畅通国内大循环和促进国内国际双循环的新发展格局建设中，民航要充分发挥比较优势，以高质量建设民航基础设施体系为基础，优化民航服务供给结构，提高运输效率和服务质量，降低成本，有力促进生产、分配、流通、消费大循环大畅通，更好发挥衔接国内国际双循环的桥梁作用。要提高航空物流供应链自主水平，有力支撑贸易强国建设，促进内需和外需、进口和出口、引进外资和对外投资协调发展，为实施国家战略、建设美丽中国、促进社会进步等提供坚实的民航基础设施物质保障。

（三）建设现代化民航基础设施体系是加快建设交通强国和新时代民航强国的内在要求

现代化民航基础设施体系是支撑新时代民航强国建设的战略基石。机场、空管等基础设施综合保障能力不足，一直是制约我国民航发展的突出瓶颈。未来一段时期民航基础设施建设是推进民航强国建设、补齐资源能力短板的重点领域。面向发展新阶段民航强国建设目标，民航基础设施建设不仅要实现容量规模的能级跃升，还要着力提升发展质量，要充分统筹容量、效率、服务和功能的关系，建设世界一流的民航基础设施，为民航强国提供坚实支撑。同时，要紧紧抓住新一轮科技革命以及民航基础设施集中建设战略机遇期，积极把握基础设施建设项目体量大、辐射带动作用强的特点，面向民航重大需求和关键领域，以数字化加快推进民航智慧化发展变革，有力推进民航科技创新能力提升，培育带动民航现代产业发展，支撑多领域民航强国建设。

（四）建设现代化民航基础设施体系是构建现代化高质量综合立体交通网的客观要求

建设交通强国是服务国家现代化建设的战略支撑。当前我国综合交通运输体系正处于由单一方式向多种方式协同发展的转型阶段，正由追求速度规模向更加注重质量效益转变。相较于其他运输方式，我国民航基础设施短板仍然突出，空间布局和容量能力存在严重不足。未来五到十年，加快基础设施建设仍是民航发展的重点任务。建设现代化民航基础设施体系，就是要坚持综合交通整体系统发展理念，跳出民航行业视角，从构建国家综合立体交通网的角度来谋划民航基础设施布局建设和高质量发展，统筹优化各类交通资源配置，强化空地运输网络衔接，推进运输服务一体化和管理协同化，既要充分发挥民航的比较优势，更要发挥多种运输方式的综合优势，从而提高全社会生产物流效率，便捷人民交通出行，有力支撑"全国123出行交通圈"和"全球123快货物流圈"。

二、准确把握新时代我国民航发展的阶段特征

改革开放以来，我国民航在安全水平、行业规模、服务能力、地位作用等方面实现了跨越式发展，航空运输规模已连续多年位居全球第二，具备了从民航大国向民航强国跨越的发展基础，同时，也面临基础保障能力不足、资源环境约束增大、发展不平衡不充分现象突出等问题。站在新的历史起点上，面向国家综合立体交通网建设要求，把握民航基础设施发展特点和规律，深刻理解民航所处发展阶段至关重要。

（一）我国民航仍处于发展资源瓶颈攻坚期

党的十九大报告指出，我国仍处于并将长期处于社会主义初级阶段。截至2019年，全国有超过10亿人口还未乘坐过飞机，随着居民收入的增加和消费结构升级，未来一段时间民航业务量仍将保持中高速增长。预计到"十四五"末我国航空运输规模将超过美国，到2035年我国民航年旅客运输量将达到2019年的两倍以上。随着综合国力和人均收入水平的不断提高，大众出行对安全、便捷、品质等方面的关注不断增强，

对成本、质量、效率和环境也提出了更高要求。与此同时，民航基础设施保障能力仍有待加强，全国年旅客吞吐量排名前 50 位的机场有 32 个处于饱和运行状态，中西部偏远地区支线机场覆盖不足，机场与综合交通的衔接效率仍有待提升，运输规模增长和发展质量改善的要求与资源保障能力不足的矛盾依然是制约行业发展的主要瓶颈，也成为影响行业安全水平和服务品质的关键因素。以服务人民为中心是民航业的根本宗旨，做好民航基础设施建设的"加法"，加快构建覆盖广泛、功能完善的民航基础设施网络，着力提升基础设施保障能力、促进机场与综合交通便捷高效衔接、改善服务效率和品质，实现保障能力与发展需求相匹配，是实现行业健康可持续发展、满足人民群众对更美好航空出行要求的必由之路。

（二）我国民航正处于高质量发展转型期

当前，行业发展规模持续扩大、安全风险不断加大、旅客对服务体验的要求更加丰富多元，同时，土地、空域等要素资源约束日益紧张，机场运行效率、空域使用效率、中转换乘效率等仍有较大提升空间。过去单纯以增建跑道、扩大航站楼规模等瞄准规模目标的惯性发展模式难以适应新形势下的发展要求，民航基础设施发展亟待向技术贡献更高、资源利用更集约、综合交通衔接更顺畅、环境更友好的方向转变，走高质量发展的道路。以满足人民对更美好航空出行体验的要求为目标，做好民航基础设施的"乘法"，坚持系统观念，融入国家综合立体交通网，建设以机场为核心的现代综合交通枢纽，实现多种运输方式便捷中转；坚持创新驱动，以"智慧民航"为主线，加强民航传统基础设施与新基建的融合，通过大数据、人工智能、第五代移动通信技术（5G）等信息手段对传统基础设施赋能，以智慧民航建设补齐基础设施效率和服务质量短板，有利于资源集约利用和提升运行效率，是推进民航高质量发展的重要抓手和实现民航强国战略目标的核心竞争优势。

（三）我国民航正处于民航强国建设转段期

2021—2035 年是新时代民航强国纲要提出的民航强国建设的第二阶段，在这一阶段中国民航将实现从单一的航空运输强国向多领域民航强国的跨越，民航基础设施保障能力将更加充分，国际航空枢纽的网络辐射能力更强，建成京津冀、长三角、粤港澳大湾区、成渝等世界级机场群，建成一批以机场为核心的现代综合交通枢纽，建成安全、高效、智慧、协同的现代化空中交通管理体系，有力支撑民航强国建设。实现民航强国建设新阶段的目标要求，加快完善基础设施布局，扩大机场覆盖范围，提升枢纽功能，促进民航与区域经济协调发展。民航是参与全球竞争的运输方式，建成具有全球竞争力的国际航空枢纽是民航强国的重要特征，当前国外大型枢纽机场正加快新一轮建设，英国伦敦希斯罗机场计划新建第三跑道，以具备 1.3 亿人次的运输能力；美国亚特兰大机场正在规划新增第六跑道,将机场容量提升到 1.2 亿人次;迪拜新机场拟规划建设 5 条跑道,机场容量为 2.4 亿人次。面对来自周边乃至全球的国际枢纽竞争,中国民航迫切需要提升大型国际枢纽机场的保障能力和竞争力,支撑新阶段民航强国建设。

三、构建现代化民航基础设施体系的战略重点

《规划纲要》绘就了国家综合立体交通网建设的宏伟蓝图,赋予了民航新的历史使命,对民航基础设施建设和发展提出了更新更高要求。要紧密围绕《规划纲要》总体要求、规划目标和各项任务部署,加快构建现代化民航基础设施体系。

(一)打造综合机场体系,实现有效覆盖

布局完善、功能完备的民用机场网络是国家综合立体交通网的重要组成部分,是建设民航强国的基础支撑。截至 2019 年底,我国已建成 238 座民用运输机场,颁证通用机场数量 246 座。对标民航较为发达的美国、欧盟和日本,我国机场数量、服务覆盖水平差距较大。面向未来,要以提升航空出行便捷性、航空服务均衡性为目标,充分考虑人口分布、地理环境等因素以及国家战略、国家安全等要求,进一步优化完善机场布局,构建国家综合机场体系。

扩大机场数量规模。按照新发展格局需要、综合交通运输体系发展要求,统筹考虑资源环境承载能力和人民群众便捷出

行需求，到 2035 年国家民用运输机场数量达到 400 个左右，实现市地级行政中心 60 分钟到机场。未来，要以提高航空服务均等化水平为导向，重点布局加密中西部地区机场，引导地方政府完善通用机场网络体系，加快构建覆盖广泛、分布合理、功能完善、集约环保的机场网。

构建国家综合机场体系。国家综合机场体系是国家综合立体交通网的重要组成部分，由国际航空（货运）枢纽、区域航空枢纽、非枢纽机场和通用机场有机构成。要着力优化布局结构，巩固北京、上海、广州、成都、昆明、深圳、重庆、西安、乌鲁木齐、哈尔滨等国际航空枢纽地位，推进郑州、天津、合肥、鄂州等国际航空货运枢纽建设，加快建设一批区域航空枢纽，建成以世界级机场群、国际航空（货运）枢纽为核心，区域航空枢纽为骨干，非枢纽机场和通用机场为重要补充的国家综合机场体系。

（二）加快航空枢纽建设，实现立体畅达

航空枢纽是国家综合交通枢纽系统的重要组成，是民航基础设施的核心节点，起引领带动作用。截至 2019 年底，我国 10 大国际航空枢纽和 29 个区域航空枢纽承担了全国 84% 的客运量和 95% 的货运量，在航空运输网络中发挥了核心骨干作用。总体上，我国航空枢纽已具备了较好的发展基础，但与全球领先发展的航空枢纽相比，依然存在基础设施容量偏低、运行效率不高等问题。面向未来，要加快以枢纽机场为核心的世

界级机场群建设，着力提升枢纽机场保障能力和运行效率。

建设世界级机场群。围绕区域协调发展要求，着力推动京津冀、长三角、粤港澳大湾区、成渝等世界级机场群建设，实现城市群和机场群联动发展。按照共商共建共享原则，探索建立全面、系统的运行协调与融合发展机制。完善区内各机场功能定位。统筹机场群基础设施布局建设、航线网络规划、地面交通设施衔接，完善机场间快速交通网络，优化航权、时刻等资源供给，形成优势互补、互利共赢的发展格局。

加快枢纽机场建设。实施枢纽机场功能提升工程，适度超前调整完善枢纽机场总体规划，扩大枢纽机场终端容量。接近终端容量且有条件的城市研究建设"一市多场"，扭转枢纽机场容量普遍饱和的局面。贯彻平安、绿色、智慧、人文"四型机场"建设要求，加强机场规划设计方法和技术手段创新，完善机场设计规范和评价指标，充分体现以旅客为中心、效率优先的理念，在立项、可研、设计、建设、验收等各个环节强化落实。按照"精品工程、样板工程、平安工程、廉洁工程"建设要求，实施枢纽机场建设工程。

推进枢纽机场提质增效。加强多机场、多跑道、多航站楼运行模式研究，探索运行新标准、新模式，充分挖掘设施潜力。支持有条件的机场优化完善跑滑系统，缩短飞机滑行时间和距离，提高近机位使用率，提升飞行区运行效率。适应旅客出行方式和需求变化，针对捷运系统、安检系统、行李系统等效率短板和流程堵点，推进既有机场航站楼空间重构和流程再造，进一步提升航站楼保障效能。

（三）打造综合交通枢纽，实现互联互通

推动各种运输方式统筹融合是构建国家综合立体交通网的重要内容。2018年，民航局与中国国家铁路集团有限公司签署推进空铁联运战略合作协议，开启了综合交通融合发展新阶段。截至2019年底，我国已有28个机场引入了城市轨道、城际铁路或干线铁路，建成了以机场为核心的综合交通枢纽，积极开展了空铁联运的探索。面向未来，要加快推动机场与其他运输方式的统筹融合，打造机场综合交通枢纽，构建一体化的综合交通运输服务。

打造以机场为核心的现代综合交通枢纽。紧抓《规划纲要》实施的有利机遇，按照分类施策、有序建设原则，推动枢纽机场与铁路、城市轨道、高（快）速路网等有效衔接。国际航空枢纽基本实现2条以上轨道交通的衔接，有效辐射周边800~1000公里范围内的地区，区域航空枢纽应尽可能联通铁路或轨道交通，国际航空货运枢纽在更大空间范围内统筹集疏运体系规划，建设快速货运通道。加快形成一批以机场为核心的现代综合交通枢纽，为旅客联程运输、货物多式联运提供集约高效的设施支撑和畅通通道。加强机场综合交通枢纽站场的统筹规划，按照统一规划、统一设计、统一建设、协同管理原则，推动各种运输方式集中布局、空间共享、便捷换乘。

着力推动构建综合运输服务体系。以需求特征为导向，充分发挥航空、高铁的比较优势和集成发展优势，推进基础设施一体化、运输服务一体化、技术标准一体化、信息平台一体化，打造"无缝衔接、中转高效"的空地联运服务产品，构建具有中国特色的"航空＋高铁"的大容量、高效率、现代化的快速交通运输服务体系，实现相互诱发、互相支撑的良性发展新格局。

（四）强化空地资源匹配，实现协同高效

空中交通管理是保障民用航空安全高效运行的中枢。目前，受多种因素限制，我国多个枢纽机场终端区和部分繁忙航路航点容量趋于饱和。预计到2035年，飞行量还将增加一倍以上，如何在有限的空域环境里容纳如此巨大的航班量并确保准点安全，是整个民航运行链条亟待突破的关键。面向未来，要以强安全、强效率、强智慧、强协同"四强空管"建设为总目标，以保障安全为底线，以智慧升级为主线，实施空管运行效率和容量提升工程，加快建设现代化空中交通管理体系。

增强空域资源保障。国家航路网是国家综合立体交通网的重要组成。按照突出枢纽、辐射区域、分层衔接、立体布局，先进导航技术为主、传统导航技术为辅的要求，加快繁忙地区终端管制区建设，加快构建结构清晰、衔接顺畅的国际航路航线网络，构建基于大容量通道、平行航路、单向循环等先进运

行方式的高空航路航线网络，构建基于性能导航为主、传统导航为辅的适应各类航空用户需求的中低空航路航线网络。推动国家空管体制改革，在机制、规制创新上下功夫，建立健全空域资源配置体系，促进空域管理使用军民融合发展，建成安全高效的现代化空域管理体制。

提高空域运行效能。发展新一代空管系统，推进空中交通服务、流量管理和空域管理协同运行。建立全国、区域、机场多级飞行流量管理体系和空管、机场、空域用户等多方协同决策机制。缩小管制移交间隔。全面推广空域精细化管理。建立空域使用效率评估机制，不断改善空域管理工作。

实施空管强基工程。完善区域管制中心、终端管制中心、塔台管制室的建设。建成空天地一体化、网络化的数据通信、精密导航、综合监视系统，完成陆基向星基导航转变。建设智慧气象工程。建设航空情报自动化系统。构建空管安全风险管理平台，完善空管应急管理体系。推动国产空管技术和装备产业化发展，实现空管设备安全与技术自主可控。

（五）推进智慧民航建设，实现科技赋能

新型基础设施是建设智慧民航的核心支撑，是促进民航基础设施高质量发展的关键。当前，我国民航基础设施核心资源不足和巨大发展需求之间的矛盾尚未根本缓解，环境资源约束趋紧，科技创新能力不强、治理水平不高，制约了民航可持续发展。《规划纲要》提出到 2035 年基本实现国家综合立体交通网基础设施全要素全周期数字化的发展目标，为智慧民航建设指明了方向。建设以新型基础设施为核心支撑的智慧民航，既是补齐质量、效率、效益短板的需求，也是行业推动创新驱动发展战略、培育扩大行业发展新空间新生态的需要，是新时代民航强国建设的必由之路。

明确民航新型基础设施建设思路。新型基础设施建设是一项系统工程，涉及法律法规、规章标准、新技术迭代、人才保障、政策配套、项目组织等多方面内容，其中创新、改革、开放贯穿新基建的全过程。推动民航新型基础设施建设要以数字化、智能化、智慧化为主线，以提效能、扩功能、增动能为导向，围绕行业安全、效率、服务、质量和效益，以理念创新、制度创新和流程再造为着力点，统筹推进行业传统与新型基础设施建设。着眼2035年的目标，重在创新理念，重在"立柱架梁"，重在构建生态，重在打造根基。

把握民航新型基础设施建设原则。坚持积极稳妥、稳中求进、积蓄势能、触发动能，注重统筹推进和试点示范相结合，避免新基建项目一哄而上、"烟囱"林立。坚持开放包容、底线思维，处理好科技创新与安全发展的关系，注重关键设施的自主可控和安全可靠，建设更开放的联合创新机制，充分调动和发挥全社会的力量和资源。坚持政府引导、市场主导，把握好政府和市场的关系，加大政策保障，优化营商环境，激发市场活力。坚持集约共享、高效绿色，统筹好传统与新型、存量与增量、供给与需求的关系，注重集约建设、资源共享。

找准民航新型基础设施建设目标和路径。以智慧民航建设为主线，聚焦行业发展的痛点和瓶颈问题，以提升民航"安全、服务、效率、效益、绿色"为目标，分领域、分批次、分主题推进民航新型基础设施建设试点示范工作。通过试点示范项目，形成一批可参考、可复制、可操作的经验和成果，在试点基础上建立适应民航新型基础设施建设的行业标准规范和管理体制机制，支撑行业由数据支持决策向数据决策过渡，逐步实现民航行业的精确感知、精细管理、精心服务，为全面推进民航高质量发展和打造民航强国奠定坚实基础。

（六）着力拓展航线网络，实现统筹融合

构建覆盖全国、通畅全球、服务一流的航线网络是发挥现代化民航基础设施功能的基本要求。截至2019年底，我国航空公司定期通航国内234个城市（不含港澳台）、国际65个国家的167个城市，较好支撑了经济社会发展和全方位开放格局构建。同时，我国民航依然存在国际航线网络全球通达性不足，国际货运网络自主可控、安全可靠能力较弱，国内航线网络结构有待优化，偏远地区公共服务能力不足等问题。面向未来，要以服务国家战略、人民出行为重点，围绕国际国内互联互通、全国主要城市立体畅达目标，加快构建通达通畅、优质高效的航线网络，有力支撑"全国123出行交通圈"和"全球123快货物流圈"建设。

着力拓展国际航空市场。围绕陆海内外联动、东西双向互济的开放格局，依托国际航空枢纽，构建四通八达、覆盖全球的空中客货运输网络。构建结构优化、多元平衡、枢纽导向型的航权开放新格局，为航空公司进入国际市场提供更多航权资源。统筹制定民航国际化发展战略，以"一带一路"为重点，逐步推进与全球主要航空运输市场及新兴市场的准入开放，实现国际航空运输市场自由化。积极开辟国际航线，打造"空中丝绸之路"，增加航班频次，积极构筑畅行全球、高效通达的国际航空服务体系。全面参加与有关国家的投资协定、自贸协定谈判，积极稳妥地推动在民航领域达成高水平开放承诺，为民航企业拓展国际市场创造条件。

着力推进航空服务大众化。依托覆盖广泛的机场网，建立通达、通畅、经济、高效的国内航线网络。强化主要城市群之间的航空快线联系。大力发展支线航空，推进干支有效衔接。推进低成本等航空服务差异化发展。实施基本航空服务计划，因地制宜，按照"一地一策"原则，提供与地区经济社会发展水平相适应、与人民群众出行需求相符合的基本航空运输服务。充分发挥通用航空的微循环作用，推进"干支通、全网连"，发展城市直升机运输服务，构建城市群内部快速空中交通网络，发展通用航空，改善偏远地区居民出行条件。

推进民航与现代物流融合发展。转变长期以来形成的

"重客轻货"思想,坚持补短板、煅长板、优环境、强供给,以支撑产业链、供应链为目标,以降本增效提质为核心,以打造竞争力强的企业为重点,构建高质高效、自主可控的航空物流网。

(七)提高现代化治理水平,实现改革开放

现代化的民航治理能力是运行和管理好现代化民航基础设施的必备条件,同时,现代化的民航基础设施是实现治理能力现代化的基础保障。我国民航经过多年的高速增长,既取得了巨大成果,也积累了大量思维定式、路径依赖、制约创新的条条框框,需要进一步深化改革,坚决破除要素市场化配置障碍,优化营商环境,激发市场活力。

深化体制机制改革。以建设人民满意的服务型、法治型政府为目标,全面深化民航体制机制改革,不断提高行业治理效率效益。创新和完善宏观调控方式,推进民航领域中央与地方财政事权和支出责任划分改革,深化价格改革,提高行业投资效率,逐步有序放松行业准入。

构建智慧监管体系。以技术创新为驱动,以信息网络为基础,按照"大平台共享、大系统共治、大数据慧治"的思路,实现安全监管从硬件到软件升级、从经验到模型构建、从被动管理到主动预判的智慧监管转型。

完善规章标准体系。坚持问题导向和目标导向相统一,加强顶层设计,增强民航法规体系的完整性、系统性、协同性。

加强安全、建设、运行管理等重点领域规章制定修订。在新型基础设施建设和运营方面，结合实际需求，构建完善的规章标准体系。加强国际交流合作，推动标准国际互认，提升中国标准的国际化水平。

加强人才队伍建设。培育创新性、应用型、技能型人才，培养民航数字化、综合交通等新兴领域的人才，造就一大批具有国际水平的民航科技人才、规划设计人才和高水平创新人才。完善人才引进、培养、使用、评价、流动、激励体制机制，营造良好的人才成长环境。

主要执笔人：包毅、穆阳、胡华清、彭峥、陈文来、刘雪妮

加快建设与国家综合立体交通网深度融合的邮政快递网

邮政组

党的十九大作出了建设交通强国的重大决策部署。交通强国是中国特色社会主义现代化强国建设的题中之义,是以习近平同志为核心的党中央对交通运输发展的期盼和英明决策,为新时代交通发展指明了方向。习近平总书记强调,综合交通运输进入了新的发展阶段,在体制机制上、方式方法上、工作措施上要勇于创新、敢于创新、善于创新,各种运输方式都要融合发展,提高效率、提升质量,支撑经济的发展,支撑民生不断改善。这要求我们把交通一体化作为先行领域,加快构建便捷顺畅、经济高效、绿色集约、智能先进、安全可靠的综合立体交通网,真正实现各种运输方式深度融合、系统集成和一体畅联。

一、充分把握邮政快递网在综合立体交通网中的定位和作用

综合立体交通网不是多种运输网络简单的并集,而是综合枢纽结点、基础设施、运输线路多方衔接的顶层立体交通网。在这张互联互通的海陆空骨架网络上,邮政快递网组织着邮件快件在国内和全球范围的物理位移。综合立体交通网与邮政快递网的实时互动、紧密衔接,对于实现网络供给需求双向匹配、网络运行效率大幅提升具有重要意义。

(一)综合立体交通网为邮政快递网提供依托

邮政快递网与综合立体交通网密不可分,铁路、公路、航线、场站等综合立体交通网的组成要素,都是邮件和快件寄递流程赖以完成的基础。因此,邮政快递网的规划布局和建设调整,应当充分考虑综合立体交通网的资源分布,才能更好地运用各种运输方式,平衡时限要求和成本诉求。这是邮政业在"服务全领域、激活全要素,打造双高地、畅通双循环"中发挥作用的基础。

(二)邮政快递体系驱动综合立体交通网的高效协同

邮政快递网是综合立体交通网的应用方和需求方。一方面,邮政快递需求对综合立体交通网的建设起到前期提供需求引领、后期提供效率验证的作用。另一方面,公铁水航等基础

设施的供给引发邮政快递运输需求的变化和调整。因此，能否满足邮件快件在全球范围内安全高效传递需求，是评判综合立体交通网布局是否合理、能力是否适应的重要标准之一。综合立体交通网的优化完善，应当充分考虑邮政快递网的需求，才能真正体现布局的超前性。

（三）综合立体交通网和邮政快递网应当同步规划

综合立体交通网是我国交通基础设施最高层次的空间网络，在此规划中纳入邮政快递网布局，能够解决邮政快递骨干网络建设中与交通枢纽衔接不畅、空铁水运力潜能未充分发挥等问题，助力实现未来超大规模业务量下运输结构调整和网络变革。这是国家对空间规划"多规合一"要求的具体行业实践，更是交通强国和邮政强国宏伟目标得以实现的基础保障。

二、充分认识布局邮政快递网络对新时代邮政业高质量发展的重要意义

（一）建设邮政快递网是加快构建新发展格局的内在需要

邮政快递业贯通生产流通消费，连接千城百业，是畅通国内大循环的重要底板、基本功能，发挥着先导作用。随着我国经济的网络化、智能化、数字化，没有方便快捷、功能强大的

邮政快递，从生产到消费的循环就难以高效畅通。经济体系强，邮政快递要先强。在消费端，通过普惠便捷的邮政快递网络交付的商品高达10万亿人民币，到2025年将达到20万亿人民币，2035年将达到50万亿人民币。改进消费体验，促进消费升级，离不开邮政快递的先行发展。在流通环节，邮政快递业推动流通方式向数字化、线上化转型，提高了流通效率，降低流通成本，加快流通速度。在生产环节，邮政快递提供综合化一体化的物流服务，更深更广地嵌入制造业的产业链供应链，为转变生产方式、降低物流成本、提高制造业竞争力提供战略支撑。国内国际双循环相互促进迫切要求全球性、一体化的邮政快递能力，为确保产业链供应链稳定性提供基础保障。

（二）建设邮政快递网是实现交通强国和邮政强国的重要任务

党的十九大立足新时代新征程，作出了建设交通强国的重大决策部署。建设交通强国，是全面建设社会主义现代化国家的一部分，也是先行领域和战略支撑。《交通强国建设纲要》在基础设施、运输服务、绿色发展和治理体系等方面，提出了加强农村邮政等基础设施建设、打造具有全球竞争力的邮政快递核心枢纽、建立通达全球的寄递服务体系、加快快递扩容增效和数字化转型等多项任务。《邮政强国建设行动纲要》进一步细化落实，提出"构建综合立体、通达全球、智能高效、安全便捷的服务网络体系""优化寄递枢纽和快递物流园区布局,提升交通枢纽的寄递配套能力""打造具有全球竞争力的邮政快递核心枢纽"等战略任务。落实交通强国和邮政强国要求,建设一个支撑有力、运行高效的邮政快递网,以此为基础推进邮政快递服务水平和战略支撑能力的提升,能够更好发挥邮政业基础性、战略性和先导性作用。

(三)建设邮政快递网是实现综合运输一体化发展的重要内容

加快建设现代化高质量综合立体交通网,构筑多层级一体化的综合交通枢纽系统,真正实现交通综合一体畅联,是综合交通运输体系建设的重要任务。对于邮政快递网和综合立体交通网而言,一体畅联意味着基础设施的"硬"衔接和服务管理的"软"联通。在实体的网络上,需要实现国内与国外、区域与区域、城市与乡村等邮政快递网与交通基础设施的立体互联。在数据和信息层面,需要实现各运输方式、各环节、各部门之间的信息互联互通、互信互认。在制度规范上,需要实现法律法规、制度政策、标准规范等方面的有效衔接。以此为基础全面提升网络衔接转换效率,有效降低生产要素的流动成本,有力促进生产、流通、分配、消费大循环大畅通,为现代经济体系建设提供坚实保障。

(四)建设邮政快递网有助于提升产业链供应链稳定性和竞争力

共建"一带一路"高质量发展、创新驱动发展、区域协调发展、乡村振兴等战略的持续推进对交通运输、邮政快递发展提出了更高要求。供给侧结构性改革将进入攻坚期，构建高能级的国家供应链体系至关重要。随着我国经济在全球供应链中的功能和地位不断提升，网络、人才与技术成为全球供应链体系建设中最关键的要素。为此需要建设与中国供应链特征配套的全球寄递物流网络，进一步提升邮政快递网络的效率，畅通国内国际双循环，提升战略支撑能力和国家供应链发展能力。预计到2035年，通过邮政快递网络运递的商品价值将达到国内生产总值的1/4左右，总价值将达到50万亿人民币左右，成为国民经济的重要基础设施，直接影响着经济运行效率和国家竞争力。建设邮政快递网既是资源集约背景下高效配置网络的必然要求，也是不断提升战略支撑能力的客观需要。

（五）建设邮政快递网能够加速引领邮政业高质量发展

2009年《中华人民共和国邮政法》明确了快递的市场合法地位。十余年的高速市场化，铸就了邮政业翻天覆地的变化和伟大成就。当前，我国邮政业发展进入了高质量发展阶段，但与实现邮政业更高质量、更有效率、更加普惠、更可持续发展的要求相比，与世界邮政强国和《交通强国建设纲要》的要求相比，还存在一定差距。具体到网络层面，虽然邮政快递市场已经具备较为完善的枢纽体系，但受制于资源限制、城市发展要求、市场主体能力等，现有网络效率不是最优，而是在企业能力条件和全社会资源配置下的次优结果。同时，由于市场对于优势区域、优势领域、优势资源具有高敏锐性，但对于战略性、前瞻性、保障性方面考虑不足，现有网络在服务国家战略方面还有一些短板。落实高质量发展要求，邮政业要在过去成就的基础上不断补短板、强基础、勤革新，通过打造邮政快递网的时代升级版，为实现新一轮行业升级提供重要基础保障。

三、全面落实国家综合立体交通网对邮政快递网的布局要求

（一）加快邮政快递网布局，为全面建成社会主义现代化强国当好先行

布局邮政快递网，要以习近平新时代中国特色社会主义思想为指导，深入贯彻党的十九大精神和党中央、国务院决策部署，按照统筹推进"五位一体"总体布局和协调推进"四个全面"战略布局的要求，体现邮政体系作为国家战略性基础设施和社会组织系统的定位。

布局邮政快递网，要坚持稳中求进工作总基调，坚定不移贯彻新发展理念，坚持以人民为中心的发展思想，以高质量发展为主题，以深化供给侧结构性改革为主线，以建成邮政强国为总目标。

布局邮政快递网，要面向2035年，展望2050年，在与铁路、公路、水运、民航等综合交通紧密衔接的基础上，以效率为先，以集约为本，最大可能地实现邮政快递网络资源的最优配置。

（二）加快邮政快递网布局，为畅通国内国际双循环贡献力量

布局邮政快递网，要着力构建覆盖全球、结构优化、通达顺畅、适配合理、衔接高效、循环稳定的全球寄递物流骨干网，助力拓展国际贸易渠道，助力制造业有效运用全球优势资源，增进全球经济互联互通。在网络覆盖方面，形成面向全球的服务能力，包括全球揽收、全球处理、全球通关、全球运输、全球投递等能力。在网络能级方面，形成日处理容量超10亿件、峰值处理容量超20亿件的能力，同时具备高强度的网络韧性，能够实现高倍承压系数下的稳定运转。在网络效率和深度方面，满足城乡十几亿人口、人均日使用1次以上的需求，而且尽可能节约城乡道路资源、场地资源等。在服务功能方面，实现从寄递服务向综合物流服务拓展，从服务消费向同时服务生产、流通和消费延伸，具备全球端到端一体化的综合物流服务能力。在安全能力上，从被动安全向主动安全升级，具备发现、预警、处理等能力。在特殊场景下能够满足特大自然灾害、战争、大型公共卫生突发事件等特殊情况下的寄递物流需求，保障战略物资的投运和生活物资投递。

（三）加快邮政快递网布局，为城乡区域协调发展提供支撑

布局邮政快递网，要充分落实国家区域协调发展战略，坚持全局思维和辩证思维，在粗放布局基础上进行整体性改进，在保持空间集聚特征基础上进行精细化改进。充分结合全国产业发展空间均衡性日益提升的大背景，跟随产业转移，以重要城市群、都市圈、枢纽节点为切入点统筹布局，适度超前地进行一些基础设施投资，助力邮政业更好地融入产业分工、更大程度创造价值。坚持目标导向与需求导向相结合，尽力填充农村区域和欠发达区域服务实际供给与实际需求之间的空缺，使人民群众切实地感受到邮政行业基础设施的完善及行业服务水平的提高为生活、工作、发展带来的便利。坚持市场发力和国家统筹相结合，统筹考虑未来社会经济发展、科技发展、多元化需求、运输方式变革等对邮政快递影响，综合考虑国家政治、经济、民生、国防、应急等方面要求。

四、科学合理确定我国邮政快递网布局思路

（一）打造国内国际枢纽体系

邮政快递枢纽体系由邮政快递枢纽（邮政快递枢纽城市）、邮政快递枢纽场站（处理中心）共同组成。邮政快递枢

纽是邮政快递与多种运输方式的交叉与衔接之处，承担区域内部和区域对外的邮政快递集散和中转功能，兼具交通枢纽和物流枢纽的功能。从枢纽规模、辐射能级和功能上看，结合城市群分布特点，分为全球性国际邮政快递枢纽集群、区域性国际邮政快递枢纽和全国性邮政快递枢纽。在确定邮政快递枢纽时，采用"先选点，后连线"方式，确定关键节点——以地市为单位确定国内关键节点，以国家、重点地区为单位确定国际关键节点，以规模量级、辐射能级、地理区位、城市特性和运输保障能力等确定枢纽能级和枢纽功能。

（二）建设邮政快递国内国际运输邮路

在国家大通道建设的基础上，根据邮政快递及未来国际贸易流量流向，针对货运量集中、发展潜力巨大的国家和地区，搭建国际邮政快递网邮路。完善日本、韩国、东南亚、南亚、俄罗斯等周边区域为核心的服务网络，打通面向西欧、中东、美洲、非洲、大洋洲等远程区域的寄递邮路。

（三）构建覆盖全国通达全球的邮政快递网

依托枢纽节点和邮路所搭起的骨架网络，推动形成布局合理、覆盖全球的邮政快递运输网络体系。引导市场在货源、流向、邮件快件通道及网络建设等方面形成建设合力。依托国内发达的公路网络，推动建成城市公共寄递末端网络和县乡村三级公共寄递末端网络，实现国内寄递末端通乡达村。聚焦重点目标国家，加强境外业务总部、经营网点、海外仓等基础建设,推动建设通达广泛、服务稳定的国际本地网络。

五、扎实推进邮政快递网络安全智慧绿色发展

(一)推进寄递网络数字化,实现智慧引领

推动设施网、运输网和信息网加速融合。以信息网带动设施网、运输网高效升级,以设施网、运输网推动信息网效能发挥,实现物流服务平台化、交通物流一体化。邮政基础设施与第五代移动通信技术(5G)、物联网、云计算、工业互联网等融合发展,成为新型基础设施重要组成部分。推动邮政基础设施的数字化在已有优势基础上继续深化拓展,应用寄递服务大数据,为人工智能、物联网等推广应用创造有利条件。持续强化技术创新能力,完善信息基础设施,推动寄递与关联领域协同发展。推动大数据、互联网、人工智能、区块链、超级计算等新技术与寄递服务深度融合。

推动基础设施全要素、全周期数字化。将数字化变革作为智慧物流驱动要素,推动实现智能化决策、数字化运营和无人化运作。鼓励具备多维感知、高精度定位、智能网联功能的终端设备应用,提升载运工具远程监测、故障诊断、风险预警、优化控制等能力。推动自动驾驶与车路协同技术研发,开展专用测试场地建设。推动物流园区、港口、铁路和机场货运站广泛应用物联网、自动驾驶等技术,推广自动化立体仓库、引导

运输车（AGV）、智能输送分拣和装卸设备的规模应用。

推动全流程信息互联、监管互认。大力发展"互联网＋"高效物流新模式、新业态，加快实现物流活动全过程的数字化，推进铁路、公路、水路等货运单证电子化和共享互认，提供全程可监测、可追溯的"一站式"物流服务。鼓励各类企业加快物流信息平台建设，推进城市物流递送全链条信息共享，完善农村物流末端信息网络。加强各部门物流相关管理信息互认，构建综合交通运输物流数据资源开放共享机制。

推动重点领域数字化、平台化。加强国家寄递物流平台和多式联运平台建设，以数据赋能物流发展为切入点，推动物流基础设施数字化、智能化的升级改造；以高水平的互联互通为导向，推动平台建设运营、标准规范制定、信息服务研发、资源互通共享，提升寄递物流基础信息服务能力。

（二）推进寄递网络低碳化，实现绿色发展

推动运输组织模式和设备结构性减排。引导企业根据运输里程和时效要求等，合理选取不同的运输组织模式。推广在中转盘驳、末端配送等环节使用新能源车型和节能车型。积极引进燃油效率更高的新型飞机，探索使用航空生物燃料，并通过装载配平、减轻载重、飞行操纵、优化航路等方式实现航行节油。提高铁路、水路在邮件快件运输中的承运比重，降低运输能耗强度。积极探索滚装运输、驮背运输等多式联运在邮政业的应用。加快甩挂模式在邮件快件运输中的应用，安装挂车电子标签，利用物联网技术通过射频信号自动识别挂车信息和货物数据，提高运输作业效率。

推动邮政业基础设施节能建设和运营。鼓励企业在各类基础设施选址、规划、设计、建造和使用过程中，执行建筑节能标准。鼓励在处理场所、仓库、园区等建筑场所推广应用节水、节电和节能等新技术新设备，实施绿色设计、施工和运行，加强能源管理，降低能源消耗。支持和引导企业利用分拨中心闲置平面屋顶开展太阳能光伏发电。持续开展"绿色办公"行动。

全面普及环保包装模式。推进快件包装产品绿色认证，加强绿色标准检测，引导企业实施绿色采购，使用符合环保标准的包装或再生包装。发展包装定制化、仓配一体化、运输标准化服务，显著减少二次包装。大力推广循环中转袋（箱）、笼车等设备，鼓励企业使用循环快递盒，建立和推广包装物的共享使用平台。引导寄递企业与产业链上下游企业在包装治理领域开展合作，相互支持、相互监督，鼓励企业参与社会化的包装回收体系建设。

（三）推进寄递网络安全化，实现保障有力

加强寄递安全监管。不断优化安全监管机制，巩固提升安全基础保障，升级寄递安全联合管控，健全省、市安全监管支撑机构，持续推进科技兴安、科技强安，完善安全投入长效机制。加强重大活动保障，有序保障旺季服务稳定。推动智慧安全监管市县全覆盖,搭建智慧寄递安全监管平台,对寄递人、车、物实行精准定位,实现单件寄递物品全流程监控。推动安全监管电子执法,开展寄递安全智慧化评价。建立安全科技支撑体系,依托寄递渠道安全监管"绿盾"工程,综合应用第五代移动通信技术(5G)、人工智能、区块链、云计算、大数据、物联网等新一代信息技术,完善行业治理基础数据库,提升安全监管智能化水平。

完善寄递风险防控体系。建立安全隐患治理监督机制,全力防范化解寄递安全、生产安全、信息安全等风险。健全安全预防控制体系,升级收寄验视、实名收寄、过机安检三位一体防控模式。推进寄递安全智能防控预警,对重点风险点、风险物品、风险人进行识别,开展等级防控。

加强应急物流体系建设。加快推进统一协调、反应迅速、运行有序、高效可靠的应急物流体系建设。强化应急管理和应急保障,妥善处理经营异常、自然灾害、公共疫情等突发事件。维护国际供应链基础安全,加强寄递物流指挥调度平台建设,寄递物流应急能力储备及装备设施改造。健全应急物流预案、指挥、协同、监测、评估、反馈、改进及补偿等机制。在一定范围与应急级别内,赋予应急快递物流部分优先权与豁免权。加强应急管理队伍建设,完善应急管理指挥调度机制。加强应急管理部门间沟通协作,落实属地责任。

六、交邮融合协同推进综合交通运输一体化

(一) 加强协同治理，提升网络共建效能

推动各行业相关部门单位建立联合监管、统筹协调的工作机制，形成"一处非法、处处有惩""一处失信、处处受限"的综合治理环境。协同推进信用体系建设，制定信用惩戒制度和定期通报机制。建立由政府、协会、企业参与的会商研判制度，加强铁路货运班线及车次、航空航线及航班等资源配置、运行模式的商讨研究，实现信息共商共享。各有关部门密切配合，完善支持政策措施，在安全监管、重大项目等方面加强指导，坚持以问题为导向，研究解决实践中的重点难点问题。推动跨领域、跨区域、跨运输方式衔接融合，整合供应链上下游，通过邮件快件高频次、规模化、高强度的一体化运输，实现寄递业务、运输服务、设施装备、管理标准、信息标准的对接和市场化选择。

(二) 加强监测评价，统筹网络建设导向

建立货运服务质量评价指标体系，推动货运服务水平提升。研究发布货运年度发展报告，定期发布货运运价指数，积极探索利用大数据、第三方机构开展物流发展绩效和服务质量定期测评，将评估结果与资源配置和政策执行挂钩，推动行业企业不断提升效率。充分发挥协会等社团组织的管理、服务和

协调作用，全方位提升邮件快件运输环境和水平。

（三）加强标准建设，实现网络无缝衔接

通过统一服务标准、信息标准、装备标准，实现国际邮件快件运输在机场全流程"透明化"，有效衔接邮政业与民航业的标准。科学制定和统一执行安检标准，按标准科学配备安检设施设备，实现不同机场间、相同机场不同货站间、铁路货站间、铁路与航空货站间、邮政快递处理中心与机场铁路之间安检互认。推动安全关口前移，通过设置前置监管仓或建立管制代理人制度，减轻货站集中安检压力，减少短驳、提高流速和进出机场效率。通过提高寄递企业在收寄环节的安检级别，探索设立针对邮件快件的管制代理人制度试点。提高通关便利化，加强国际人才培养，创新国际协调机制。

主要执笔人：胡凯、兰艳丽、徐婧、彭彬、潘迪

坚持系统观念 推动综合交通统筹融合发展

总体组

中共中央、国务院印发《国家综合立体交通网规划纲要》(以下简称《规划纲要》)，明确提出推进综合交通统筹融合发展的要求。统筹融合，就是要坚持系统观念，整体性推进、一体化发展，从跨方式、跨领域、跨区域、跨产业四个维度，推进铁路、公路、水运、民航、邮政等融合发展，推进交通基础设施网与运输服务网、信息网、能源网融合发展，推进区域交通运输协调发展，推进交通与相关产业融合发展。这是构建国家综合立体交通网的本质要求，也体现了综合交通规划的思想精髓。

一、统筹融合是构建国家综合立体交通网的本质要求

我国综合交通运输体系不断完善，但各种运输方式间以及区域间、城乡间交通发展不协调问题仍然突出。随着人民群众多层次、多样化、个性化的出行需求和小批量、高价值、分散化、快速化的货运需求特征日益明显，以及交通网络建设面临的资源环境要素供给日趋紧张，这些问题将进一步凸显。我国经济社会发展进入新阶段，必须按照立足新发展阶段、贯彻新发展理念、构建新发展格局的要求，坚持统筹融合，加快构建现代化高质量国家综合立体交通网。

（一）统筹融合是适应新发展阶段的客观要求

我国全面建成小康社会，开启全面建设社会主义现代化国家新征程，由交通大国向交通强国迈进，综合交通也进入联网贯通和互联互通的关键阶段，必须抓住各种运输方式成网贯通、综合交通加速融合、重大交通设施布局落地的战略机遇期，更好统筹交通与经济社会发展之间的关系、统筹各种运输方式之间的关系，科学规划铁路、公路、水运、民航、邮政等基础设施规模、结构、功能与布局，促进各方式高效衔接，从提高交通发展质量和效益的要求出发构建国家综合立体交通网。

（二）统筹融合是贯彻新发展理念的必然选择

把创新、协调、绿色、开放、共享的新发展理念贯穿发展的全过程和各领域，实现科技自立自强、促进区域协调发展、形成绿色生产生活方式、形成对外开放新格局、发展成果由人民共享，要求强化各种运输方式之间互联互通，促进国家综合立体交通网一体化发展，形成系统完备、高效实用、智能绿色、安全可靠的现代化交通基础设施。

（三）统筹融合是构建新发展格局的重要举措

充分发挥交通运输在构建新发展格局中支撑保障和先行作用，促进国民经济循环总量扩大、效率提高、成本降低、动力增强、安全稳定。落实到规划实践，就是要坚持统筹融合，补短板、强弱项、堵漏洞，构建与新发展格局相适应的交通网络布局，以高质量交通供给引领和创造新需求。

二、推进各种运输方式统筹融合发展

推进各种运输方式统筹融合发展，是构建现代化高质量国家综合立体交通网、加快建设交通强国的关键内容。重点是统筹综合交通通道规划建设、推进综合交通枢纽一体化规划建设和推动城市内外交通有效衔接。

（一）统筹综合交通通道规划建设

1. 发展要求

综合交通通道是包含多种运输方式的通道，是大运量、长距离运输的主要线路，目前还存在发展质量不高、资源配置不平衡不充分的问题，还不能完全适应交通强国建设要求。**一是**综合交通通道内各方式规划建设缺乏有效统筹。部分通道内交通供需关系失调，运能紧缺与供给资源闲置现象并存。**二是**综合交通通道与国土空间管控协同水平不高。对照新一轮国土空间管控政策要求，大部分通道没能实现多方式共用线位资源，造成国土空间分割，土地利用效率不高。**三是**综合交通通道与通信、能源、水利等基础设施规划建设统筹不足，通道资源利用率不高。未来我国综合交通通道建设应坚持同步规划、同步设计、协调实施原则，以通道集约、线位优化、线路共享融合为主要手段，充分发挥通道综合立体效能。

2. 重点任务

做好通道内各方式统筹和线位协调共享。基于国民经济社会发展需要和各种运输方式的技术经济特点，以通道综合效益最大化为导向，统筹通道内运输方式配置方案和布局方案，充分发挥铁路、水运等大运量、集约化、环境友好型运输方式作用。

做好与国土空间规划的协调统一。针对国土空间规划和"三区三线"划定工作的相关要求，充分利用地上、地下和水上、空中空间，满足生态文明建设和耕地保护制度要求，促进过江、跨海、穿越环境敏感区的通道与防洪安全、生态环境等协调发展。

做好与其他领域的协同联动。鼓励通道内运输方式科技创新和协同模式创新，加强综合交通通道与通信、能源、水利等基础设施统筹。积极做好高速磁悬浮等新型交通方式的探索与应用。

（二）推进综合交通枢纽一体化规划建设

1. 发展要求

综合交通枢纽是国家综合立体交通网的核心组成部分，是实现各种运输方式高效衔接和一体化运输组织的关键节点。近年来，各地依托民航机场、火车站、港口等建设形成了一批综合交通枢纽，各种运输方式之间的衔接转换和一体化运营水平显著提升，有力推动了综合交通运输体系的发展，但对照交通强国建设要求，仍存在一些问题。**一**是枢纽的系统功能还不完善。较少从枢纽城市整体角度统筹考虑枢纽港站的功能布局、设施建设和线网衔接，场站之间服务功能缺乏统筹和配合，协同效应不明显。**二**是枢纽设施衔接仍需优化。部分综合客运枢纽换乘距离过长，铁路货场、港口与后方物流设施缺乏统筹布局，全国沿海主要港口重要港区铁路进港率有待进一步提高，港口、货运枢纽"最后一公里"衔接仍是瓶颈。**三**是跨部门、跨方式协调管理机制有待健全。部分项目土地难以落实，各种运输方式间信息互联互通和开放共享不足，各种运输方式间、物流各环节间业务难以精准对接。未来我国综合交通枢纽将按照统一规划、统一设计、统一建设、协同管理的原则，统筹推进一体化规划建设，实现综合交通枢纽高效衔接和一体化运营管理。

2. 重点任务

推动枢纽设施集中布局。推动新建综合客运枢纽内各种运输方式集中布局、空间共享、立体或同台换乘，推动既有枢纽场站整合交通设施、共享服务功能空间。

加快联运换装设施与集疏运体系建设。加快综合货运枢纽多式联运换装设施与集疏运体系建设，统筹转运、口岸、保税、邮政快递等功能，提升多式联运效率与现代物流综合服务水平。

推动站城一体、产城融合。处理好枢纽与城市空间、产业发展关系，做好枢纽发展空间预留、用地功能管控、开发时序协调。

制定综合交通枢纽一体化规划建设的技术要求。客运枢纽方面，提出综合客运枢纽内各种运输方式间换乘便捷；国际航空枢纽基本实现2条以上轨道交通衔接，全国性铁路综合客运枢纽基本实现2条以上市域（郊）铁路或城市轨道衔接，国际性和全国性综合交通枢纽城市内轨道交通规划建设优先衔接贯通所在城市的综合客运枢纽。货运枢纽方面，提出千万标箱港口规划建设综合货运通道与内陆港系统，全国沿海、内河主要港口的集装箱、大宗干散货规模化港区积极推动铁路直通港区等。

（三）推动城市内外交通有效衔接

1. 发展要求

城市内外交通有效衔接是实现综合交通网络高效率运行的关键环节。很多城市内外交通规划不衔接、建设不同步、能力不匹配、管理不协同，综合客运枢纽与城市交通之间衔接不畅，部分新建高铁站特别是县级高铁站距离城区较远，首末车时间等方面衔接配套不足，旅客出行不便。未来促进城市内外交通有效衔接，是提高综合交通网络效率、方便百姓出行、降低物流成本的重要举措。

2. 重点任务

推动轨道网融合。推动干线铁路、城际铁路、市域（郊）铁路融合建设，并做好与城市轨道交通衔接协调，构建运营管理和服务"一张网"，实现设施互联、票制互通、安检互认、信息共享、支付兼容。

加强干线公路与城市道路衔接。加强城市周边区域公路与城市道路高效对接，系统优化进出城道路网络，推动规划建设统筹和管理协同，减少对城市的分割和干扰。

完善城市物流配送系统。加强城际干线运输与城市末端配送有机衔接。

统筹枢纽场站布局与周边区域开发建设。加强铁路、公路客运枢纽及机场与城市公交网络系统有机整合，引导城市沿大容量公共交通廊道合理、有序发展。

三、推进交通基础设施网与运输服务网、信息网、能源网融合发展

1. 发展要求

提升服务品质和整体效能，不断增强人民群众的获得感、幸福感、安全感，要求坚持科技创新驱动，为载运工具、基础设施和运营管理赋能，改变综合立体交通网的运营速度，提供应需而变的运输服务，优化交通设施时空资源利用。抓住新一轮科技革命深入发展的机遇，以国家综合立体交通网为依托，以新一代信息技术为牵引，坚持规划建设与运营服务并重，统筹传统与新型、存量与增量、供给与需求，加快形成交通基础设施网与运输服务网、信息网、能源网融合发展新格局，让传统交通基础设施具备新功能、呈现新形态、适应新发展，是优化交通基础设施供给结构、提高交通基础设施效能、加快建设交通强国的重要举措。

2. 重点任务

推进交通基础设施网与运输服务网融合发展。重点是推进基础设施、装备、标准、信息与管理的有机衔接，打造以全链

条快速化为导向的便捷运输服务网,构建空中、水上、地面与地下融合协同的多式联运网络,完善供应链服务体系。

推进交通基础设施网与信息网融合发展。重点是加强交通基础设施与信息基础设施统筹布局、协同建设,强化与新型基础设施建设统筹。加强载运工具、通信、智能交通、交通管理相关标准跨行业协同。

推进交通基础设施网与能源网融合发展。重点是推进交通基础设施与能源设施统筹布局规划建设,充分考虑煤炭、油气、电力等各种能源输送特点,强化交通与能源基础设施共建共享,促进交通基础设施网与智能电网融合,适应新能源发展要求。

四、推进区域交通运输协调发展

服务支撑国土空间布局优化,落实区域重大战略、区域协调发展战略和新型城镇化战略,是国家综合立体交通网的重要使命。重点是充分考虑区域协调发展,尤其解决区域交通运输发展不平衡、不充分问题,提出各区域综合立体交通网发展重点;推进城市群、都市圈交通运输一体化,增强人口密集地区交通承载能力;推进城乡交通运输一体化,满足人民高品质生活需要。

（一）推进重点区域以及东部、中部、西部和东北地区交通运输协调发展

1. 发展要求

我国已形成以京津冀协同发展、长江经济带发展、粤港澳大湾区建设、长三角一体化发展、成渝地区双城经济圈建设、黄河流域生态保护和高质量发展等区域重大战略为引领，东、中、西、东北四大板块交错互融的区域发展格局。新形势下促进区域协调发展，将按照客观经济规律调整完善区域政策体系，发挥各地区比较优势，促进各类要素合理流动和高效集聚。从未来运输发展趋势看，东部地区仍将是我国客运需求最为集中的区域，货运需求仍保持较大规模，但增速慢于中西部地区，中西部地区货运需求总体呈现较快上升趋势。促进区域协调发展，要求切实发挥交通先行支撑作用，增强区域发展的协同性和整体性，推动形成东西南北纵横联动发展新格局。

2. 重点任务

落实区域重大战略，提出不同区域各具特色的交通发展重点。主要包括：建设"轨道上的京津冀"，加快推进京津冀地区交通一体化，建设世界一流交通体系；建设"轨道上的长三角"，提高国际枢纽辐射能级，打造交通高质量发展先行区；粤港澳大湾区实现高水平互联互通，打造西江黄金水道，巩固提升港口群、机场群的国际竞争力和辐射带动力，建成具有全球影响力的交通枢纽集群；成渝地区双城经济圈以提升对

外连通水平为导向,强化门户枢纽功能,构建一体化综合交通运输体系。建设东西畅通、南北辐射、有效覆盖、立体互联的长江经济带现代化综合立体交通走廊;支持海南自由贸易港建设,推动西部陆海新通道国际航运枢纽和航空枢纽建设,加快构建现代综合交通运输体系;统筹黄河流域生态环境保护与交通运输高质量发展,优化交通基础设施空间布局。

落实区域协调发展战略,提出东部、中部、西部和东北地区交通运输协调发展内容。主要包括:加速东部地区优化升级,提高人口、经济密集地区交通承载力,强化对外开放国际运输服务功能;推进中部地区大通道大枢纽建设,更好发挥承东启西、连南接北功能;强化西部地区交通基础设施布局,推进西部陆海新通道建设,打造东西双向互济对外开放通道网络;优化枢纽布局,完善枢纽体系,发展通用航空,改善偏远地区居民出行条件;推动东北地区交通运输发展提质增效,强化与京津冀等地区通道能力建设,打造面向东北亚对外开放的交通枢纽。

(二)推进城市群、都市圈交通运输一体化发展

1. 发展要求

城市群是新型城镇化的主体形态,是支撑全国经济增长、促进区域协调发展、参与国际竞争合作的重要平台。2019年8月十九届中央财经委员会第五次会议提出,我国经济发展的空间结构正在发生深刻变化,中心城市和城市群正在成为承载发

展要素的主要空间形式,要增强中心城市和城市群等经济发展优势区域的经济和人口承载能力。新时期推进以人为核心的新型城镇化,发挥中心城市和城市群带动作用,建设现代化都市圈,要求一体化交通网提供支撑,为群众出行需求和生产生活物资运输提供更加多元化的服务保障。目前我国主要城市群已初步形成以高速公路、高速铁路为骨干,以普通国省道、城际铁路(轨道)、干线铁路为补充的城际综合交通通道,多层次、多模式的轨道交通网络正在构建,城际运输需求规模大、增长迅猛,但城市群内部交通网络还不能适应未来发展要求,港口、机场等综合交通枢纽定位和分工有待优化,城际铁路、市域(郊)铁路发展尚处于起步阶段,公路交通压力过大、部分干线公路拥堵严重,相邻城市交界区域临近线路不衔接,还存在待贯通路段和瓶颈路段。到 2035 年,我国城镇化率将从 2019 年底的 60.6% 上升到 80% 以上,产业、人口将进一步向城市群、都市圈集聚,要求推进城市群交通运输一体化,进一步强化轨道交通的主导作用,促进形成城际快速运输走廊和高效衔接枢纽体系,都市圈形成以轨道交通为主导的大容量快速公共交通。

2. 重点任务

构建便捷高效的城际交通网。加强城市群内部重要港口、站场、机场的路网连通性,促进城市群内港口群、机场群统筹资源利用、信息共享、分工协作、互利共赢,统筹城际网络、运力与运输组织，构建城市群内部快速空中交通网络，建立健全城市群内交通运输协同发展体制机制。

推进都市圈交通运输一体化。建设中心城区连接卫星城、新城的大容量、快速化轨道交通网络，推进公交化运营，加强道路交通衔接，打造1小时"门到门"通勤圈。推动城市道路网结构优化，有序发展共享交通，加强城市步行和自行车等慢行交通系统建设，合理配置停车设施，开展人行道净化行动，因地制宜建设自行车专用道，鼓励公众绿色出行。深入实施公交优先发展战略，构建以城市轨道交通为骨干、常规公交为主体的城市公共交通系统，推进以公共交通为导向的城市土地开发模式等。

（三）推进城乡交通运输一体化发展

1. 发展要求

当前我国与发达国家最大的差距不在城市，而是在乡村，没有乡村振兴和现代化，就不会有国家的现代化。实施乡村振兴战略，将坚持农业农村优先发展，加快推进农业农村现代化，构建现代农业产业体系、生产体系、经营体系，促进农村一二三产业融合发展，促进经济社会发展更加协调，城镇化发展和农村发展形成良性互动。实现百姓在城市和乡村之间自由流动，农村和城市一样美好，要求尽快改变农村地区交通基础设施相对落后的状况，为农业农村发展和群众出行需求提供更加多元化的服务保障。

2. 重点任务

推动乡村交通基础设施提档升级。全面推进"四好农村路"建设,实现城乡交通基础设施一体化规划、建设、管护,畅通城乡交通运输连接,推进县乡村(户)道路连通、城乡客运一体化,解决好群众出行"最后一公里"问题,提高城乡交通运输公共服务均等化水平。

推动形成农村物流配送体系。加快构建农村物流基础设施骨干网络和末端网络,推进乡村邮政快递网点、综合服务站、汽车站等设施资源整合共享。

五、推进交通与相关产业融合发展

交通与其他产业融合发展有利于促消费扩内需,促进交通运输提效能扩功能增动能。交通运输是实体经济发展的基础支撑,提供客货位移服务,串联一二三产业生产消费流通等环节,同时交通运输需要其他产业提供能源动力、建筑材料、交通装备、信息技术,对国民经济增长拉动作用强劲。邮政快递、现代物流、旅游、装备制造等产业与交通运输联系紧密、相互作用影响程度深,发展过程中催生一系列新技术新模式新业态,在延长综合交通产业链,使得综合交通服务功能更加丰富、增长动能更加强劲、发展效能更加显著的同时,也有利于促进消费、扩大内需、拉动经济增长。

推进交通与邮政快递、现代物流、旅游、装备制造等相关产业融合发展。**一是推进交通与邮政快递融合发展。**推动在交通场站建设邮政快递专用处理场所、运输通道、装卸设施，发展航空、铁路、水运快递专用运载设施设备，在重要交通枢纽实现邮件快件集中安检、集中上机（车），发展航空快递、高铁快递，推动不同运输方式之间邮件快件装卸标准、跟踪数据等有效衔接，推动邮件快件多式联运等。**二是推进交通与现代物流融合发展。**加强现代物流体系建设，优化国家物流大通道和枢纽布局，畅通物流大通道与城市配送网络交通线网连接。加快构建农村物流基础设施骨干网络和末端网络。发展高铁快运，推动双层集装箱铁路运输发展。加快航空物流发展。培育壮大一批具有国际竞争力的现代物流企业。打造开放、安全、稳定的全球物流供应链体系。**三是推进交通与旅游融合发展。**充分发挥交通促进全域旅游发展的基础性作用。加快国家旅游风景道、旅游交通体系等规划建设。强化交通网"快进慢游"功能，加强交通干线与重要旅游景区衔接。完善公路沿线、服务区、客运枢纽、邮轮游轮游艇码头等旅游服务设施功能，推进通用航空与旅游融合发展。健全重点旅游景区交通集散体系，鼓励发展定制化旅游运输服务，丰富邮轮旅游服务。**四是推进交通与装备制造等相关产业融合发展。**加强交通运输与现代农业、生产制造、商贸金融等跨行业合作，发展交通运输平台经济、枢纽经济、通道经济、低空经济。支持交通装备制造业延伸服务链条。推动交通运输与生产制造、流通环节资源整合，鼓励物流组织模式与业态创新，推进智能交通产业化。

主要执笔人：陈胜营、金敬东、宋彩萍、刘东、陈璟、李鹏林、孙鹏

统筹发展和安全
完善交通运输安全体系

安全组

2014年4月,习近平总书记在中央国家安全委员会第一次会议上,首次提出"总体国家安全观"重大战略思想。在党的十九大报告中,总书记再次强调总体国家安全观。2020年11月,习近平总书记再次指出,"安全是发展的前提,发展是安全的保障"。《国家综合立体交通网规划纲要》(以下简称《规划纲要》)提出,统筹发展和安全。安全是发展的前提,发展是安全的保障,两者互为条件、彼此支撑。统筹发展和安全,必须坚持总体国家安全观,实施国家安全战略,维护和塑造国家安全,统筹传统安全和非传统安全,把安全发展贯穿国家发展各领域和全过程。

交通运输作为经济社会发展的"先行官",既是经济社会活动的产物,也是经济社会健康发展的有力支撑和坚强保障,更是落实总体国家安全观和保障国家安全的重要领域。当前我国交通运输安全的内涵和外延比历史上任何时候都要丰富，时空领域比历史上任何时候都要宽广，内外因素比历史上任何时候都要复杂。在新时代的伟大征程上，综合立体交通网安全发展，要以人民安全为宗旨，以"平安交通"建设为统领，以健全完善安全体系为主线，将安全发展的理念贯穿于交通运输的全领域和全过程，提高交通运输基础设施和装备本质安全水平，提升交通运输保障和救援能力，加强安全风险预警及防控能力建设，为实现更高水平更高层次的发展提供更为安全的基础和条件。

《规划纲要》从提升安全保障能力、提高交通基础设施安全水平、完善交通运输应急保障体系三个方面，对健全交通运输安全监管体系和应急救援体系作出了全面要求，为交通运输安全强基固本，为保障人民群众安全出行、保障经济社会稳定发展，为全面建成社会主义现代化强国、实现中华民族伟大复兴中国梦保驾护航。

一、交通运输安全发展意义和必要性

长期以来，交通运输有力支撑了国家安全体系建设，有效保障了经济社会的发展，对落实总体国家安全观和支撑国家安全具有重要意义。当前和今后一个时期是我国各类矛盾和风险的易发期，各种可以预见和难以预见的风险因素明显增多，面对新发展阶段及新形势变化，交通运输作为国民经济中基础性、先导性、战略性产业和重要的服务性行业，在维护国家安全稳定方面发挥着越来越重要的作用。

一是有效支撑总体国家安全观落实。交通运输安全发展是国家总体安全观的重要要求。交通运输的快速发展形成了与产业布局相适应的运输网络，为经济要素有序流动提供了便捷、安全、高效的运输条件。国家关键通道和重点枢纽设施是经济社会运行的大动脉，也有效保障了能源、矿石、粮食等重要物资运输以及关键通道和重点枢纽的安全畅通。**二是**有效支撑社会安全稳定发展。交通运输行业坚守安全底线和红线，不断推动安全生产领域创新，提升安全管理水平，有效防范化解重大安全风险，坚决遏制重特大事故发生，是维护国家经济社会稳定发展的重要要求。**三是**有效满足人民安全出行需求。交通运输行业坚持以人民为中心，全力推进"平安交通"建设，不断提高交通网络可靠性和应急保障能力，保护人民生命财产安全，为社会公众提供安全便捷的运输服务。

二、综合立体交通网安全发展总体要求

经过新中国成立以来 70 多年的发展，交通运输安全生产体制不断完善，体制机制法制逐步健全，人员素质显著提高，

装备设施安全性能明显改善，事故总量稳中有降，安全责任明晰落实，监督管理能力不断提升，应急保障能力明显提高，发展环境不断优化，保障基础更加坚实。但我国的交通运输安全距离发达国家、距离交通强国目标还存在一定差距。**一是**对标国外发达国家交通运输安全发展水平仍有差距，以国际通用经济化安全水平指标万车死亡率为例：2019年，世界上道路交通事故万车死亡率最低的国家日本是0.41，英国是0.53，德国是0.59，美国是1.3，而我国道路交通事故万车死亡率为1.8，是日本的4.5倍，英国的3.4倍；**二是**对标交通强国提出的"人民满意、保障有力、世界前列"的目标仍有较大差距，特别是安全基础较为薄弱、安全责任落实不到位、安全改革创新不足、新业态安全监管不适应等问题仍较为突出，交通运输安全发展依然任重道远。

新发展阶段对交通运输安全发展提出了更高的要求。交通强国的一个显著特征是拥有高品质的运输服务能力。安全是党中央、国务院对加快建设交通强国的重要要求，是人民群众对交通运输行业发展的殷切期盼。"零死亡"也是交通运输安全持续追求的愿景目标。《规划纲要》注重交通运输安全体系建设，以安全科技创新应用为支撑，按照交通运输支撑国家总体安全的思路，建设完善以"基础设施本质安全—生产运行安全监管—交通应急处置能力"为基础的交通运输安全监管体系和搜寻救助系统，有效防范和化解交通运输安全风险，坚决遏制重特大事故发生，及时应对处置各类灾害事故，保障经济社会发展和人民群众出行的安全需要。

三、综合立体交通网安全发展主要任务

（一）提升安全保障能力

交通运输是支撑国家安全的重要基础，提升交通运输保障能力是支撑经济社会安全发展的重要手段。**一是**提升交通网络系统韧性和安全性。完善交通运输基础设施网络，通过扩能改造、新增线路、强化干支衔接等措施，加快推进城市群、重点地区、重要口岸、主要产业及能源基地、自然灾害多发地区多通道、多方式、多路径建设。**二是**提升战略物资运输保障能力。加强边远、边疆地区基础设施建设，提升粮食、煤炭、石油、天然气等重点物资运输能力，健全战略物资运输保障体系；加强国内物流大通道建设，完善国际运输网络，构建全方位、立体化的陆海空运输通道，提升产业链、供应链安全保障水平，促进国内国际双循环安全高效发展。**三是**加强安全风险预警及通道保障能力。加强通道安全保障、海上巡航搜救打捞、远洋深海极地救援能力建设；加强交通运输安全风险预警、防控机制和能力建设，强化风险辨识、评估和管控，建立行业重大风险"一张图"和重大风险基础信息清单、责任分工清单、防控措施清单、应急处置清单等清单，健全交通运输

安全监管体系和搜寻救助系统，提升交通运输安全水平。**四是健全关键信息基础设施安全保护体系。**加强人工智能、新材料和新能源等技术与交通运输深度融合，加强前瞻部署及关键技术创新力度，实现交通领域关键核心技术安全可控。提升交通运输网络安全水平，加强车联网、船联网等重要融合基础设施安全保障能力以及交通信息系统安全防护，全面落实网络安全等级保护制度，强化网络安全应急体系建设。

（二）提高交通基础设施安全水平

交通运输基础设施安全是交通运输安全的重要因素，覆盖全国的铁路网和公路网、四通八达的港口和航道、内外联通的航空运输网络等，保障着全国人民出行和货物运输。提高基础设施本质安全水平需要贯穿于基础设施的规划、设计、施工、运营、维护养护的各个阶段，围绕基础设施、装备设施、运输工具等方面，打造全寿命周期品质工程，提升交通网络系统韧性，提升设施安全监管能力，提升基础设施耐久性。**一是建立完善基础设施全寿命周期的安全管理体系。**对现代化工程建设和运行质量进行全寿命周期安全管理，健全交通运输安全生产法规制度和标准规范，提高基础设施建、管、养安全标准化水平，加大安全配套设施规划、设计和建设投入力度，提升关键基础设施安全防护能力，推广使用新材料新技术新工艺，提升基础设施质量和耐久性。**二是加强交通基础设施性能安全监测。**强化交通基础设施预防性养护维护、安全评估，加强交通基础设施长期性能观测，完善数据采集、检测诊断、维修处治技术体系，加大病害治理力度，及时消除安全隐患，推进交通基础设施数字化、精细化、标准化管理。**三是完善安全责任体系**。创新安全管理模式，强化重点基础设施建设、运行安全风险防控、加强安全生产执法，转换安全监管模式，从事后被动监管变为事前主动预防，全面改善交通设施安全水平。加强人员培训教育，提高安全监管人员、从业人员安全素质和业务技能，提升履职能力。

（三）完善交通运输应急保障体系

完善交通运输应急保障体系和保障能力，要紧密结合我国经济社会发展需求和自然灾害、事故灾难特点，用好现有资源，立足长远发展，以完善交通运输应急体系为核心，提高应急保障能力为宗旨，实战实用为目标，完善体制机制，加强科技创新力度，推进应急救援能力和安全风险监测体系的建设，为维护人民群众生命财产安全和国家总体安全提供有力保障。**一是完善交通运输应急管理体制机制**。加强交通运输领域应急管理顶层设计，建立健全多部门联动、多方式协同、多主体参与的综合交通应急运输管理协调机制，完善科学协调的综合交通应急运输保障预案体系，全面提升交通运输领域应急管理能力。**二是加强交通运输应急技术创新力度**。构建应急运输大数据中心，推动部省两级之间应急运输需求、指挥调度等信息互联共享，加强交通运输部门与公安等部门的信息共享和协调联动，提高应急响应效率。提升应急运输装备现代化、专业化和智能化水平，推动应急运输标准化、模块化和高效化。**三是**完善交通运输应急救援能力。构建快速通达、衔接有力、功能适配、安全可靠的综合交通应急运输网络。充分发挥铁路、公路、水运、民航、邮政等不同方式的比较优势，统筹陆域、水域和航空应急救援能力建设，建设多层级的综合运输应急装备物资和运力储备体系。坚持"预防为主、平战结合，统一指挥、协调联动，科学应对、精准高效"的原则，充分考虑国家重要应急物资产能储备布局，鼓励以现有货运枢纽（物流园区）、国家物流枢纽等节点设施为主，统筹布局完善应急物资运输枢纽体系，推动重要应急物资产地、储备地国家物流枢纽的集疏运体系建设。科学规划布局应急救援基地、消防救援站等，加强重要通道应急装备、应急通信、物资储运、防灾防疫、污染应急处置等配套设施建设，提高设施快速修复能力和应对突发事件能力。**四是**建立健全行业系统安全风险和重点安全风险监测防控体系。在完善交通应急运输保障体系和应急救援能力规划的基础上，进一步提升交通运输应急监测预警能力，强化危险货物运输全过程、全网络监测预警。建设陆海空天一体化的安全监管体系，构建精准感知、快速反应、高效处置的交通搜寻救助系统。

主要执笔人：何勇、蔡翠、吴金中、肖荣娜、赵南希、刘东

坚持创新驱动发展
把握智慧交通发展主动权

智慧组

交通运输是经济社会发展的先行官，也是国家现代化程度的重要标志。党的十九大提出了建设交通强国的宏伟目标，这是以习近平同志为核心的党中央站在党和国家事业发展全局的高度作出的重大战略部署。2019年9月，中共中央、国务院印发了《交通强国建设纲要》，提出要建设现代化高质量综合立体交通网络。近日，中共中央、国务院印发了《国家综合立体交通网规划纲要》（以下简称《规划纲要》），提出了未来我国综合立体交通网建设的总体要求、布局方案、重点任务和保障措施。《规划纲要》要求注重科技创新赋能交通发展，积极贯彻落实国家创新驱动发展战略，着力推进科技创新和新技术在交通运输领域的应用和发展，促进国家综合立体交通网的建设更加合理、完善、高效。

一、深刻认识科技创新对综合立体交通网建设的影响

（一）载运工具的技术进步将进一步改变综合立体交通系统的运营速度结构

交通运输一直追求用快捷、经济的方式实现人或物的位置移动。快捷和经济是影响综合交通运输布局的最重要技术经济因素，决定了轨道、公路、水运、民航等运输方式在整个综合交通运输系统中分别所占的比例。快捷的前提就是速度的提升，快捷性与载运工具的运行速度直接相关，会带动交通运输系统需求结构的变化。

在可预期的未来，道路交通系统和民航运输系统的运营速度不会有显著变化。目前预期最明确的运输速度变化来自轨道运输。轨道运输速度的提升，将进一步改变综合立体交通系统的运营速度结构。一方面，将进一步压缩高速铁路沿线的道路客运，并进一步分流中短途民航运输部分客运需求；另一方面，高速货运列车的出现，将进一步分流道路运输和民航运输承担的零担运输。

需要关注的是，在出行方面，我国已经形成了高速铁路、民航、高速公路构建的快速运输网络，在干线上已经获得了较高的出行速度，但在出行两端花费了大量的时间，有时甚至超

过了干线上花费的时间（比如北京到天津）。所以，相对通过不断提升干线运营速度而言，减少安检、候机（候车）、城市交通拥堵带来的时间损失，降低整个出行链的时间成本，对提升出行快捷性方面的竞争力，显得更有意义。

（二）载运工具的技术进步将进一步改变综合立体交通系统的能源结构

长期以来，以汽油、柴油、航空煤油为代表的化石能源占据交通系统能源绝对地位。众所周知，化石能源是不可再生资源，而由于电力生产方式的多样化（太阳能、水力资源、风力资源、原子能），电动化一直以来都是交通动力发展的一个重要方向。

我国新能源汽车发展较为迅速，市场占有率不断提升。国务院办公厅印发的《新能源汽车产业发展规划（2021—2035）》提出：到2025年，新能源汽车新车销售量达到汽车新车销售总量的20%左右。力争经过15年的持续努力，纯电动汽车成为新销售车辆的主流，公共领域用车全面电动化。从能源安全和环保约束角度出发，传统燃油车向以使用电能驱动为主的新能源车过渡是大势所趋。

不仅是电动汽车发展迅速，电动船、电动飞机也都在研发中，同时燃料电池、替代燃料以及整车共性节能技术的研发也不断深入。可以预见，化石能源在交通运输领域的占比会大幅下降，电力的使用占比会不断增加。

（三）信息化、数字化、智能化、网联化的发展将改变交通系统运营的业态与模式

科技创新，不仅改变交通载运工具，还改变交通的运营模式、管理模式和服务模式，从而使整个交通系统更加高效安全、节能环保。信息化、数字化、智能化和网联化技术成果能够促进交通系统时空资源优化利用，并推动既有交通时空资源利用最大化。

1. 促进对既有资源的充分利用

以交通大数据为基础，通过对物流需求、出行规律的深度智能化分析，发现交通需求及其规律，从而为交通需求与供给的更合理匹配与调度提供依据，为交通运营、管理、决策、服务以及主动安全防范提供科学支撑，促进既有交通资源的充分利用。

2. 加速运输方式内部的协同运行

以信息化、数字化为基础的交通大数据及其智能化分析技术，对交通系统高效运营提供了技术保障，并促进车联网、智能航运、智能铁路等协同运行系统的发展。以城市道路交通运营为例，通过交通大数据平台分析城市各交叉口及路段车辆数据，全面掌握城市道路交通拥堵情况，根据交叉口和路段实时动态自适应调整信号灯配时方案，可有效减少交通堵塞或堵塞时间，提高城市交通出行通畅性。

3. 推动各运输方式的运营协同

交通信息互联共享不断完善，形成高品质、高容量网络和信息服务系统，开展综合性交通信息服务，降低物流和客运企业信息获取成本，将充分发挥各运输方式的比较优势，实现综合运输协调发展，对支撑"全国123出行交通圈"和"全球123快货物流圈"具有重要意义。到2035年，基础设施、运载装备、装卸设备等硬技术自动化及数字化程度不断提高，车联网、船联网、空地通信网、基础设施网的完善，将有助于数据和信息高度共享，实现物流和客运系统中枢纽环节高度自动化和高效协同化，降低社会整体物流成本。各种交通运输方式运行将从当前静态协调，逐步向实时动态协同发展。

4. 促使运输服务智能化、即时化

无人驾驶系统的成熟和交通大数据的应用，会促进传统运输业更加自动化，服务响应更加即时。更频繁、更个性化的客货运服务需求，要求运输服务的组织更加智能化与动态优化，要求以实时、全过程的交通状态获知能力、多方式协同的运输资源实时配置能力作为支撑。由此，也提出了对多源、异构的交通大数据处理与计算能力，对时空资源动态配置决策能力的新要求。

业态多元化、服务一体化在更好满足运输服务需求的同时，也会进一步诱增运输服务需求，给交通网络承载能力带来影响，对交通网络的供需调控能力提出更高要求。未来交通高品质与可持续发展更依赖于交通系统供需的动态调整，要求大幅提升交通网络的调控能力，包括精准化调控技术、法治化调控手段和动态化调控过程管理等。

5. 推动共享出行的深度发展

自动驾驶的成熟将改变现有的小汽车市场机制，从私人购买占绝对主导向共享使用、商业运营的模式转移。在共享交通新服务替代下，共享出行服务用户会改变购车计划，创造前景广阔的替代性出行服务市场新需求。

技术的发展将促进城际公路班车市场结构变化。在都市圈一体化发展、轨道交通建设和共享出行市场繁荣发展等综合作用下，要求公路客运必须与城市群、都市圈范围内功能中心、就业中心和公共服务中心等紧密结合，通过中小型车辆、大规模的服务供需匹配及生产组织平台，提供高频次、广覆盖、灵活、一体化的客运服务。

拥车行为和小汽车市场机制转变要求更多非住宅端的停车设施供给。商业化、一体化的出行服务供给市场增长，将削减私人交通工具拥有带来的住宅端停车设施需求，增加城市活动中心、功能场所等停车设施需求。

多方式整合、动态响应需求和共享化的出行服务，需要以高时效性、高频次、多方式无缝衔接等特征的运输组织来实现。传统大型交通枢纽不能完全满足新的运输组织要求，未来将依托智慧城市建设，围绕覆盖广、辨识性高、设施齐全的城市公共交通站点、公共服务设施等，建设微型智慧枢纽，提供运输服务组织实施空间和便捷、高效的信息服务。

6. 提升运输服务组织一体化水平

随着区块链和人工智能技术深度植入于物流市场，航运智能交易结算平台、一体化出行服务提供商、面向生产链和消费链的"第四方物流"将进一步发展。大型物流运输集团将依托电子商务平台，实现客货运服务交易线上操作。第三方运输交易与服务电子商务平台，将为中小微航运企业和广大客户提供线上交易服务、信息服务和延伸服务。

（四）提升道路交通系统通行效率

充分网联、高度智能的自动驾驶车辆可推动新一代智能交通体系建立，实现出行工具合理调配与管理，极大改善交通状况。相比于人工驾驶车辆，自动驾驶车辆的车间距可以更小，行车安全性可以更高，从而使道路通行效率大幅提升。国家发展改革委、工信部等 11 部委联合印发的《智能汽车创新发展战略》提出：到 2025 年，中国标准智能汽车的技术创新、产业生态、基础设施、法规标准、产品监管和网络安全体系基本形成。实现有条件自动驾驶的智能汽车达到规模化生产，实现高度自动驾驶的智能汽车在特定环境下市场化应用。可以预见智能网联汽车的发展对道路通行效能的提升在 2025 年会取得一定成效。

二、准确把握国家综合立体交通网建设科技创新驱动的总体要求

《规划纲要》对交通智慧发展提出了总体要求：到 2035 年，基本建成智能先进的国家综合立体交通网，交通基础设施智能化水平居世界前列。到 21 世纪中叶，交通领域新技术广泛应用，实现数字化、网络化、智能化、绿色化。提升智慧发展水平，推进交通基础设施数字化、网联化。加快既有设施智慧化，利用新技术赋能交通基础设施发展，促进交通运输提质增效。

（一）科技创新赋能交通发展

20 世纪 80 年代之前，交通运输变革的主要动力来源于载运工具的发展，特别是动力系统的技术进步。但 20 世纪 80 年代之后，对交通运输发展影响最大的是信息技术的进步。信息技术正在推动交通运输信息化和数字化进程，并使交通运输系统出现了智能化和网联化的趋势。

1. 信息化驱动

信息化技术在交通领域得到了广泛应用。交通管理部门建立了一系列交通管控中心，极大地提高了管理效率，推动了交通管理现代化进程。信息化技术同时也是交通运输数字化、智能化和网联化发展的重要基础。交通运输的数字化、智能化和

网联化趋势给信息化技术提出了更高需求。因此，《规划纲要》高度重视卫星通信技术、新一代通信技术、人工智能技术等新一代信息技术在交通运输领域的深度应用。

2. 数字化驱动

在交通运输发展过程中，数字化紧随信息化起步，在交通管控和交通服务方面发挥着重要作用。关于交通数字化的进一步发展，《规划纲要》提出：构建综合交通大数据中心体系，完善综合交通运输信息平台。随着智能化和网联化的发展，交通系统的数字化面临更高的要求。以高精度三维地图、高精度电子海图/电子航道图为代表的数字化公路、数字航道建设是推动智能网联汽车、智能船舶应用的重要条件。针对这一需求，《规划纲要》提出：要打造全覆盖、可替代、保安全的行业北斗高精度基础服务网，推动行业北斗终端规模化应用。以建筑信息模型应用为特征的交通基础设施数字化在交通管控、交通资产管理、交通服务、交通应急等信息化应用和交通系统智能化发展中扮演着愈加重要的角色。高分遥感卫星等技术在交通领域深度应用会助力高精度交通地理信息平台的构建，进而加快各领域建筑信息模型技术自主创新应用。

3. 智能化驱动

交通系统的智能化几乎与信息化同时起步，近年来随着感知系统、高性能计算和自动化等技术的发展，交通智能化取得了突破性进展，其中具有代表性的就是以智能网联汽车、智能船舶、智能列车、智能化通用航空器等为代表的智能化载运工具和以智能管控、智能服务为特征的智能交通系统。未来一段时间，以智能网联汽车为代表的智能化载运工具将大规模应用，智能化载运工具和关键专用装备的研发还应继续加强。智能交通系统方面，要全方位布局交通感知系统，与交通基础设施同步规划建设，部署关键部位主动预警设施，提升多维监测、智能网联、精准管控、系统服务能力。智能化技术还将驱动物流领域的智慧发展，要利用自动化技术全面升级物流园区、港口、机场、货运站场等，推广应用自动化立体仓库、引导运输车、智能输送分拣和装卸设备。

4. 网联化驱动

在移动互联技术的推动下，物联网得到了快速的发展。网联化与信息化、数字化、智能化相辅相成，共同驱动交通运输智慧发展。和智能化驱动相似，网联化也同时驱动载运工具和交通系统两方面的发展。《规划纲要》高度重视智能网联汽车的发展和应用。在载运工具方面，要进一步推动网联协同感知、协同决策与控制技术不断发展，并促进载运工具与其他交通参与者、基础设施的互联互通。在交通系统方面，网联化技术要在出行服务、物流服务、交通管控等方面持续发力，推动智能交通系统的持续发展。

（二）推动交通运输领域新型基础设施建设

《交通强国建设纲要》指出要大力发展智慧交通。《交通运输部关于推动交通运输领域新型基础设施建设的指导意见》提出了到 2035 年交通运输领域新型基础设施建设取得显著成效的具体目标和主要任务。智慧交通的发展对交通基础设施提出了新的要求,同时交通运输领域新型基础设施的建设也会进一步推动智慧交通的发展。

1. 轨道运输领域

轨道运输领域的新型基础设施建设主要服务于智能列车的发展及应用、列车调度指挥和运输管理、载运装备和关键设施服役状态的检测监测等方面。工信部与中国国家铁路集团已加快推进第五代移动通信技术在铁路上的应用(5G-R)。除通信基础设施建设外,轨道交通领域还需加强智能检测监测设施建设,实现动车组、机车、客车、货车等载运装备和轨道、桥隧、大型客运站等关键设施服役状态在线监测、远程诊断和智能维护;建设智能供电设施,实现智能故障诊断、自愈恢复等;针对轨道运输领域的既有设施,需要通过运用现代控制技术、人工智能和大数据技术等手段提升全线网列车调度指挥和运输管理智能化水平。

2. 道路运输领域

《新能源汽车产业发展规划(2021—2035)》提出到 2035年,纯电动汽车力争要成为新销售车辆的主流。《交通强国建设纲要》要求加强智能网联汽车(智能汽车、自动驾驶、车路协同)研发,形成自主可控完整的产业链。《交通运输部关于促进道路交通自动驾驶技术发展和应用的指导意见》提出：到2025年，自动驾驶基础理论研究取得积极进展，道路基础设施智能化、车路协同等关键技术及产品研发和测试验证取得重要突破；出台一批自动驾驶方面的基础性、关键性标准；建成一批国家级自动驾驶测试基地和先导应用示范工程，在部分场景实现规模化应用，推动自动驾驶技术产业化落地。因此，道路运输领域的新型基础设施要为未来实现全面电动化、智能化和网联化提供基础条件保障，包括充电设置、路侧智能化设施和无线通信等。针对道路运输领域的既有设施，推动路网管理和出行信息服务智能化，完善道路交通监控设备及配套网络。同时推动智能网联汽车与智慧城市协同发展，建设城市道路、建筑、公共设施融合感知体系，打造基于城市信息模型平台、集城市动态静态数据于一体的智慧出行平台。

3. 民航运输领域

要加快机场信息基础设施建设，推进各项设施全面物联，打造数据共享、协同高效、智能运行的智慧机场。鼓励应用智能化作业装备，在智能运行监控、少人机坪、机坪自主驾驶、自助智能服务设备、智能化行李系统、智能仓储、自动化物流、智慧能源管理、智能视频分析等领域取得突破，推进内外联通的机场智能综合交通运输体系建设。突破空中交通四维精细化运行、自主式空中交通运行、机场终端区高效智能运行管理、有人无人航空器融合运行、空管智能化决策控制等空管新技术，发展新一代智慧空管系统，提高空中交通精细化、智慧化运行水平，实现空管系统的扩容增效。突破航班智能化运力调控与运行控制、智能飞行驾驶、航空器智慧运维、全流程智能旅客服务、智能化航空物流、通航维修自给等智慧航空器运行与运输服务关键技术，构建航空公司、空管、机场一体化智慧协同运行服务及管理体系。

4. 水路运输领域

水路运输领域的新型基础设施建设主要包括航道、港口和航海保障三个方面。航道方面，要建成"全面在线、广泛感知、信息融合、高度共享"的数字航道，建设内河航道数据信息采集基础设施、内河航道气象信息采集基础设施、内河船舶交通态势岸基感知与预警基础设施、内河航道网运行监测基础设施，完善高等级航道电子航道图，支撑全天候复杂环境下的船舶智能辅助航行。建设高等级航道感知网络，推动通航建筑物数字化监管。建设适应智能船舶的岸基设施，推进航道、船闸等设施与智能船舶自主航行的配套衔接。在既有设施基础上，加强内河高等级航道运行状态在线监测，推动船岸协同发展。港口方面，主要在既有设施基础上进行智能化升级，引导自动化集装箱码头、堆场库场建设与改造，推动港口建设养护运行全过程、全周期数字化，加快港站智能调度、设备远程操控、智能安防预警和港区自动驾驶等综合应用。建设港口智慧物流服务平台，推动"一站式""一网通"等信息服务系统建设。推动自主航行港口（MassPorts）工作开展，通过开展港口与智能船舶衔接的分布式船港协同感知、智能调度、智能引航、智能靠离泊、智能装卸等港口关键衔接技术基础设施建设，实现船港协同。在航海保障方面，对原有基础设施开展感知网络、通信传输、电子海图、信息服务等升级改造，推动传统航海保障实现智能化、互联化和协同化。探索建设满足船舶智能航行需求、覆盖主要航行场景的示范航线，包含实验测试的自主航行船舶、能够开展港船协同的港口基础设施、能够支撑船舶智能航行的航海保障基础设施、能够保障航行安全的智能监管设施，对智能航运新基建进行全面示范应用。

主要执笔人：鲁光泉、陈发城、贾光智、耿雄飞、蔡开泉、聂向军

贯彻生态文明建设要求推进交通运输绿色发展

绿色组

党的十九大提出"建设生态文明是中华民族永续发展的千年大计",首次将"建设美丽中国"作为社会主义现代化强国的目标之一;党的十九届五中全会强调要"守住自然生态安全边界","建设人与自然和谐共生的现代化"。2020年9月,习近平主席宣布"中国将提高国家自主贡献力度,采取更加有力的政策和措施,力争2030年前二氧化碳排放达到峰值,努力争取2060年前实现碳中和";12月,进一步宣布"到2030年,中国单位国内生产总值二氧化碳排放将比2005年下降65%以上,非化石能源占一次能源消费比重将达到25%左右"。

交通运输是国民经济中基础性、先导性、战略性产业和重要的服务性行业,必须全面贯彻落实绿色发展理念,为实现生态文明建设目标提供有效支撑。中共中央、国务院印发的《交通强国建设纲要》《国家综合立体交通网规划纲要》（以下简称《规划纲要》）将绿色交通作为主要发展目标和重要建设内容。立足新发展阶段，贯彻新发展理念，交通运输生态文明建设面临新的形势和机遇，要按照"生态优先，绿色发展"的总要求，重点强化生态保护与修复，削减污染排放总量，促进资源节约集约利用，注重节能和低碳发展，不断提升交通运输绿色发展水平。

一、我国交通运输绿色发展取得明显成效

交通运输行业高度重视生态环境保护工作，将"绿色交通"作为发展引领，在政策、规划、设计、建设、运营等方面深入贯彻绿色发展理念，围绕交通运输生态保护、节能降碳、污染防治、资源集约节约利用等方面开展了大量工作，全方位、全地域、全过程绿色交通发展格局正在加速形成。

（一）交通运输绿色发展方式初步形成

一是绿色发展顶层设计初步形成，交通运输部先后印发《推进交通运输生态文明建设实施方案》《全面深入推进绿色交通发展的意见》《交通运输部关于全面加强生态环境保护坚决打好污染防治攻坚战的实施意见》等十余项绿色交通政策文件，为行业绿色发展提供了政策依据。**二是**新能源和清洁

能源应用加快推广，新能源和清洁能源车辆、港口岸电等方面蓬勃发展。三是运输结构调整成效初显，持续推动大宗货物运输"公转铁""公转水"，大力支持港口集疏运铁路、物流园区和大型工矿企业铁路专用线建设，全国铁路货物发送量和集装箱铁水联运量均实现大幅增长。总体上，单位运输周转量能耗和排放量持续下降。

（二）交通基础设施生态保护力度不断增强

一是公路建管养运全过程绿色发展走向深入，组织实施了33个绿色公路典型示范工程，生态选线、绿色设计、标准化施工、建养一体化的环境效益不断显现。二是绿色港口和航道建设广泛推进，生态护岸、生态护滩、人工鱼礁等新材料、新技术、新结构、新工艺在航道建设工程中得到应用。三是交通美化与旅游融合发展加速推进，发布《关于促进交通运输与旅游融合发展的若干意见》，支持各地建设了一批旅游公路、主题服务区、美丽农村路。总体上，交通基础设施生态保护修复的范围和力度不断加大。

（三）交通运输污染防治工作持续深化

一是柴油货车污染治理全面推进，在京津冀及周边地区、汾渭平原大力推动国三及以下排放标准营运柴油货车淘汰更新，推动建立汽车排放检验与维护（I/M）制度，车辆清洁化水平逐步提升。二是船舶排放控制区政策效果明显，建立船舶排放控制区并逐步扩大覆盖范围，加严船舶排放控制要求，支撑重点区域环境空气质量改善。**三是**港口船舶污染治理取得明显成效，重点推动港口和船舶污染物接收设施建设，会同相关部门建立船舶水污染物转移处置联合监管制度。总体上，行业污染物排放得到了有效控制。

二、《规划纲要》提出了全面贯彻绿色发展理念的目标任务

《规划纲要》以"便捷顺畅、经济高效、绿色集约、智能先进、安全可靠"为发展目标，将"加快推进绿色低碳发展，交通领域二氧化碳排放尽早达峰，降低污染物及温室气体排放强度，注重生态环境保护修复，促进交通与自然和谐发展"作为重要原则，提出到 2035 年"综合运输通道资源利用的集约化、综合化水平大幅提高。基本实现交通基础设施建设全过程、全周期绿色化""交通污染防治达到世界先进水平"。

（一）各种运输方式综合集成利于资源节约集约

针对以往各种运输方式基础设施布局规划相对独立造成的资源浪费问题，《规划纲要》强调铁路、公路、水运、民航、邮政快递基础设施之间的统筹协调，实现陆水空多种运输方式相互协同、深度融合。特别是节约集约利用通道线位资源、岸线资源、土地资源、空域资源、水域资源，促进交通通道由单

一向综合、由平面向立体发展，推动铁路、公路等线性基础设施的线位统筹和空间整合，减少对国土空间和生态系统的分割，有效提升了自然资源节约集约利用水平。

（二）运输体系高效衔接促进交通节能减排

《规划纲要》高度重视综合交通运输体系高效衔接。**一是**布局了综合交通枢纽集群、综合交通枢纽城市、综合交通枢纽港站，为各交通方式衔接转换奠定基础条件。**二是**推动综合交通枢纽统一规划、统一设计、统一建设、协同管理，加快货运枢纽场站多式联运换装设施建设，提升客货运枢纽衔接转换效率。**三是**完善枢纽集疏运体系建设，构建多式联运综合运输服务体系，提出多式联运转换时效目标。通过全过程提升交通运输综合效率，降低单位运输周转量能耗和排放。

（三）交通基础设施结构优化推动运输结构调整

从《规划纲要》各运输方式总体规模的变化情况来看，铁路、航道的规模增速明显快于公路，到2035年高速铁路、高等级航道的规模与现状相比接近翻番。交通基础设施结构的优化，将有力支撑"公转铁""公转水"，公路客货运周转量占比将明显降低，对控制行业大气污染和温室气体排放具有显著作用。

（四）系统谋划了绿色交通发展的重要举措

《规划纲要》将绿色低碳发展作为高质量发展的重要内容，部署了生态保护修复、环境污染防治、运输结构调整、新能源和清洁能源利用、资源节约与循环利用等工作任务。同时，未来还将论证实施一批绿色低碳重大工程。这些工作任务涉及交通基础设施建设、运营及运输组织全过程，将有力推动综合立体交通网绿色发展。

三、《规划纲要》充分关注并统筹了相关生态环境要素

《规划纲要》是我国综合交通基础设施体系的顶层规划，提出的建设规模、网络布局、方式结构充分考虑了可能涉及的关键环境要素，妥善处理了交通运输发展与生态保护修复、环境污染防治、资源能源节约、温室气体减排之间的关系。

（一）与生态敏感目标的空间关系

截至 2020 年底，全国各类自然保护地合计占国土面积约 18%，加上其他生态重要区域，纳入生态保护红线面积占国土面积约 30%。《规划纲要》实施过程中，约有 10% 的新增铁路、公路、航道等线性交通基础设施里程，以及个别港口、机场等枢纽港站可能影响生态保护红线和环境敏感区。《规划纲要》提出"促进交通基础设施与生态空间协调，最大限度保护重要生态功能区、避让生态环境敏感区"，加强"穿越环境敏感区通道基础设施建设方案论证"，推动从源头上保护生态

环境。

（二）与生态系统保护修复的关系

规划新增的交通基础设施将对生态系统和动植物生境产生一定程度的影响。公路、铁路等陆路交通基础设施主要涉及陆生生态系统，可能加剧生态阻隔和景观破碎。港口、航道等水路交通基础设施主要涉及水生生态系统，可能影响重要生境和物种。结合全国生物多样性保护优先区的分布分析，规划实施后，黄山—怀玉山区域交通线网密度最大，库木塔格区域交通线网密度增长最快，横断山南段区域最大斑块指数降低最多。《规划纲要》提出"实施交通生态修复提升工程，构建生态化交通网络""落实生态补偿机制"等要求，推动将交通基础设施建设的生态影响降至最低。

（三）与环境污染防治的关系

《规划纲要》实施将带来新的交通量增长，氮氧化物（NOx）和细颗粒物（$PM_{2.5}$）等大气污染物排放量将会有所增加，可能对京津冀及周边、汾渭平原、长三角及成渝地区等大气污染防治重点地区的环境质量改善产生压力。《规划纲要》提出"加大交通污染监测和综合治理力度""形成以铁路、水运为主的大宗货物和集装箱中长距离运输格局""促进交通能源动力系统清洁化"等要求，预计规划期内交通大气污染物排放总体可控，能满足我国环境空气质量改善目标要求。

此外,《规划纲要》还关注了可能产生的水环境和噪声污染等问题,提出"从源头减少交通噪声、污染物""加强交通环境风险防控"等举措,支撑区域环境质量改善。

(四) 与资源能源节约的关系

为适应我国国土空间管控趋紧的形势要求,《规划纲要》提出"节约集约利用土地资源""加强永久基本农田保护",可有效缓解未来土地资源供给和耕地保护的压力。同时,提出加强"废旧建材再生利用""推进快递包装绿色化、减量化、可循环",重点提升交通基础设施建设和邮政快递行业资源集约节约与循环利用水平。

针对未来运输活动消耗的终端能源总量增长情况,《规划纲要》提出"加强可再生能源、新能源、清洁能源装备设施更新利用""促进交通能源动力系统高效化发展"。预计单位运输周转量能耗将逐步下降,国家能源供给可以满足行业需求。同时,能源消耗结构将逐步优化,清洁能源尤其是电力消耗占比不断提升,传统化石能源占比将大幅下降。

(五) 与温室气体减排的关系

我国是应对气候变化《巴黎协定》的重要贡献者和积极践行者。为响应对气候变化承诺要求,《规划纲要》提出了各运输方式基础设施结构更加优化,并且明确了"优化调整运输结构""促进交通能源动力系统低碳化"等实施要求,预计单位运输周转量的碳排放强度将比目前降低15%以上。

四、推进交通运输与生态环境协同发展

为贯彻落实《规划纲要》，进一步推进交通运输行业绿色发展，支撑我国"2030年前碳排放达峰""2035年生态环境根本好转""努力争取2060年前碳中和"等目标的实现，需重点开展以下工作。

（一）构建生态化交通网络

推进交通运输与国土空间协同发展，主动优化交通基础设施空间布局，推动形成与生态保护红线和自然保护地相协调、与资源环境承载力相适应的交通网络。强化交通选线选址生态优化，最大限度避让各类环境敏感区和基本农田。对于确实难以避绕的公路、铁路等陆路交通基础设施，需在充分论证生态影响的基础上，尽量选择地下或空中穿（跨）越等低影响的方式通过。对于航道和港口等水运交通基础设施，关注并减缓航道整治、航运枢纽和码头建设、港口围填海等活动对水生态和水环境的影响。针对《规划纲要》提出的可能涉及自然保护地的重大工程，应进一步强化选线选址论证和优化。推动陆路交通基础设施"并起来""架起来"，充分利用交通廊道资源，减少土地占用和生态分割。研究交通基础设施"无害化"穿（跨）越生态敏感区技术和标准，促进交通基础设施生态友好程度持续提升。

（二）建设绿色交通基础设施

推动绿色铁路、绿色公路、绿色港口、绿色航道、绿色机场、绿色枢纽试点示范和全面开展有机结合，引导交通基础设施绿色发展。强化交通生态环境保护，开展原生动植物保护、表土收集利用、湿地连通等工作，降低新改建交通基础设施对重要保护物种栖息地、重要自然生态系统的影响。推动陆路交通基础设施工程创面生态修复，因地制宜建设动物通道，减少人工痕迹，营造"近自然"环境。推动水路交通基础设施建设生态护岸，恢复底栖环境，加强增殖放流，建设洄游通道，尽可能保护水生物种及其完整生境。针对早期已建交通基础设施遗留的生态环境问题，结合改扩建工程开展生态修复工作。交通基础设施建设中积极推动钢结构桥梁、环保耐久节能型材料、温拌沥青、低噪声路面、低能耗设施设备等应用，降低全生命周期资源能源消耗。统筹推动环保设施升级改造和新改建交通项目环保设施建设使用，确保各类污染物排放达标。推进废旧材料、设施设备和水资源循环利用。

（三）推广高效运输组织方式

优化调整运输结构，创新运输组织模式，发挥各种运输方式的比较优势和组合效率。持续推动"公转铁""公转水"，发挥铁路、水运在大宗物资中长距离运输中的骨干作用，加大货运铁路建设投入，显著提高重点区域大宗货物铁路水路货运比例，提高沿海港口集装箱铁路集疏港比例。加快构建以高速铁路和城际铁路为主体的大容量快速客运体系，强化公路、城市客运与铁路、民航、水运相衔接，优先发展城市公共交通，完善城市步行和自行车等慢行交通系统建设，鼓励公众绿色出行。加快发展多式联运、甩挂运输、滚装运输、江海直达、水水中转等先进运输组织方式，提高运输及物流效率。依托铁路物流基地、公路港、沿海和内河港口等，推进多式联运型和干支衔接型货运枢纽（物流园区）建设，加快推进集装箱多式联运发展。

（四）发展清洁高效的运输装备

优化交通装备结构，推广应用新能源和清洁能源，完善供电、加气等配套设施，提高交通运输装备生产效率和整体能效水平。加大新能源和清洁能源车辆在城市公交、出租汽车、城市配送、邮政快递、机场、铁路货场、重点港口等领域应用。提升铁路电力机车覆盖范围，推广液化天然气（LNG）动力船舶、电动船舶应用。推广港口岸电、飞机辅助动力装置（APU）替代设施建设与应用，推动有关部门开展高速公路服务区、客货枢纽、机场场内充电设施建设。实施汽车排放检验与维护制度（I/M 制度），强化汽车尾气排放维修治理。严格实施道路运输车辆燃料消耗量限值准入制度。推进船舶含油污水、化学品洗舱水、生活污水和垃圾等污染物岸上接收转运处置。强化交通运输常规大气污染物与温室气体协同控制相关研究，明确行业碳排放控制时间表和路线图。

（五）加强外部协同和内部监管

进一步加强与自然资源部门"国土空间规划"、林业草原部门"自然保护地体系"、生态环境部门"三线一单"（生态保护红线、环境质量底线、资源利用上线、生态环境准入清单）和碳排放达峰等相关规划和要求的协调衔接。严守法规底线，把握相关政策，提前整体谋划，从源头上提升交通基础设施的环境友好程度。加强与生态环境等部门及地方政府协同合作，按照大气、水污染防治协作机制分工，配合完成大气、水污染防治攻坚任务。严格落实交通规划和建设项目环境影响评价工作，执行国家环保"三同时"制度（建设项目防治污染的设施与主体工程同时设计、同时施工、同时投产使用）。开展规划实施的环境影响跟踪监测和后评价，特别关注规划重大工程的生态环境影响。以交通低排放控制区为重点，推进交通大气、水污染物排放监测监管。鼓励建立交通运输能耗统计监测平台，开展绿色交通发展评估考核。

主要执笔人：徐洪磊、朱高儒、刘杰、高美真、刘胜强、杨孝文、林晶、高玉健、谭晓雨、雷立、肖杨、姜文汐

《国家综合立体交通网规划纲要》学习辅导问答

一、关于《规划纲要》总体情况

(一)《规划纲要》的总体定位是什么?

《规划纲要》是贯彻落实习近平总书记关于综合交通运输发展重要论述的关键举措。党的十八大以来,习近平总书记对综合交通运输发展作出一系列重要论述。2014年2月,习近平总书记在北京市考察时指出,要加快形成安全、便捷、高效、绿色、经济的综合交通体系;2018年4月,在深入推动长江经济带发展座谈会上指出,沿长江通道集合了各种类型的交通运输方式,要注意加强衔接协调,提高整体效率;2020年9月,习近平总书记在中央财经委员会第八次会议上强调,要建设现代综合运输体系,优化完善综合运输通道布局。《规划纲要》贯彻落实习近平总书记重要论述精神,注重统筹协调和融合发展,注重整体效率提升,注重综合、立体发展,提出构建便捷顺畅、经济高效、绿色集约、智能先进、安全可靠的国家综合立体交通网。

《规划纲要》是指导加快建设交通强国的纲领性文件。党的十九大提出建设交通强国，加强铁路、公路、水运、航空、管道、物流等基础设施网络建设。党中央、国务院印发《交通强国建设纲要》（以下简称《建设纲要》），明确提出"建设现代化高质量综合立体交通网络"的任务，党的十九届五中全会提出"加快建设交通强国，完善综合运输大通道、综合交通枢纽和物流网络"。《建设纲要》描绘了我国交通运输发展的宏伟蓝图，是指导交通强国建设的"总战略"。《规划纲要》以《建设纲要》为基础，擘画了未来我国海陆空交通网络的蓝图，是指导交通基础设施建设发展的"总规划"。两者共同构成指导交通强国建设的纲领性文件。

《规划纲要》是我国综合交通基础设施体系的顶层规划。《规划纲要》是国家发展规划体系中重要的专项规划，规划对象为铁路、公路、水运、民航和邮政快递的国家级交通基础设施，主要解决全国范围跨区域综合交通网络和枢纽布局问题。《规划纲要》是我国综合交通运输中长期规划，统筹各种运输方式规划，与国务院已批复的各方式中长期规划是继承和发展的关系。《规划纲要》是指导交通运输建设发展、布局重大工程项目、合理配置公共资源、引导社会资本投向的重要依据，对各行业规划、区域及省级综合立体交通网规划编制具有重要的指导作用。

（二）《规划纲要》的规划范围是什么？

全国综合交通基础设施由全国范围内的铁路、公路、水运、民航、邮政快递等基础设施构成。其中，铁路划分为高速铁路、城际铁路、市域铁路、普速铁路；公路划分为国道、省道和农村公路；全国港口划分为主要港口、地区性重要港口和一般港口；全国内河航道划分为国家高等级航道和其他航道；民用运输机场总体可以划分为国际航空枢纽（含国际航空货运枢纽）、区域航空枢纽和非枢纽机场；邮政快递基础设施大体分为全球性国际邮政快递枢纽集群、区域性国际邮政快递枢纽、全国性邮政快递枢纽和其他快递基础设施。

国家综合立体交通网是涵盖铁路、公路、水运、民航和邮政快递的国家级交通基础设施，在全国综合交通基础设施中发挥主干作用。按照定位，铁路网中的高速铁路、普速铁路在综合交通运输体系中发挥主干作用，作为国家级交通基础设施纳入《规划纲要》规划范围。根据《公路法修正案（草案）》规定，国道（国家高速公路和普通国道）是具有全国性和区域性政治、经济意义的干线公路，纳入规划范围。根据《中华人民共和国港口法》等，主要港口与国家高等级航道在全国港口体系和航道网中具有主体地位，纳入规划范围。根据《中华人民共和国民用航空法》，全国民用机场的布局和建设规划，由国务院民用航空主管部门会同国务院其他有关部门制定，据此将民用运输机场纳入规划范围。根据《国务院办公厅关于印发交通运输领域中央与地方财政事权和支出责任划分改革方案的通知》，邮政普遍服务和特殊服务主干网络、邮件和快件进出境设施由中央承担专项规划、政策决定、监督评价职责，据此将全球性国际邮政快递枢纽集群、区域性国际邮政快递枢纽、全国性邮政快递枢纽纳入规划范围。

（三）《规划纲要》的规划期限是什么？

党的十九大提出，从党的十九大到二十大，是"两个一百年"奋斗目标的历史交汇期。我们既要全面建成小康社会、实现第一个百年奋斗目标，又要乘势而上开启全面建设社会主义现代化国家新征程，向第二个百年奋斗目标进军。综合分析国际国内形势和我国发展条件，从2020年到21世纪中叶，可以分两个阶段来安排。第一个阶段，从2020年到2035年，在全面建成小康社会的基础上，再奋斗15年，基本实现社会主义现代化。第二个阶段，从2035年到21世纪中叶，在基本实现现代化的基础上，再奋斗15年，把我国建成富强民主文明和谐美丽的社会主义现代化强国。

为了服务和支撑我国第二个百年奋斗目标，按照党的十九届五中全会战略部署，落实《建设纲要》提出的要求，与区域协调发展战略、新型城镇化战略、全国国土空间规划等相衔接，

《规划纲要》的规划期确定为 2021 至 2035 年，远景展望到 21 世纪中叶。一方面，聚焦 2035 年我国基本实现社会主义现代化的第一阶段目标，对国家综合立体交通网进行了系统性、综合性和战略性谋划。另一方面，展望 21 世纪中叶建成社会主义现代化强国的宏伟目标，对国家综合立体交通网发展目标愿景进行了描绘。

（四）《规划纲要》的主要内容是什么？

《规划纲要》包括 6 个章节，可归纳为序言和规划基础（序言和第 1 章）、总体要求（第 2 章）、重点任务（第 3～5 章）、保障措施（第 6 章）四个部分。其中，序言和规划基础部分主要阐述《规划纲要》的必要性、规划期限，阐明发展现状、形势要求和运输需求等内容，为提出《规划纲要》的总体要求和重点任务奠定基础。总体要求部分以习近平新时代中国特色社会主义思想为指导，提出国家综合立体交通网发展的指导思想、工作原则和发展目标。重点任务部分包括三方面内容：**一是**优化国家综合立体交通布局。对铁路、公路、水运、民航和邮政快递的国家级交通基础设施进行统筹规划，提出构建完善的国家综合立体交通网、加快建设高效率国家综合立体交通网主骨架、建设多层级一体化国家综合交通枢纽系统、完善面向全球的运输网络。**二是**推进综合交通统筹融合发展。抓住我国综合交通发展阶段特征，分别提出推进各种运输方式间、交通基础设施网与相关网络间、不同区域间、交通与相关产业间的统筹融合发展。三是推进综合交通高质量发展。从推进安全发展、推进智慧发展、推进绿色发展和人文建设、提升治理能力四个方面，提出推进综合交通高质量发展的重点任务。保障措施部分从加强党的领导、加强组织协调、加强资源支撑、加强资金保障和加强实施管理五个方面，提出了《规划纲要》的实施保障措施。

（五）《规划纲要》的主要特点是什么？

一是体现了各种运输方式的统筹融合。《规划纲要》立足我国综合交通进入连网贯通的阶段特征，把握"综合"和"立体"两个关键，充分发挥各种运输方式的比较优势和组合效率，强化衔接协调，着力推动铁路、公路、水运、民航、邮政快递统筹融合发展。

二是提出了综合交通高质量发展的要求。《规划纲要》提出构建现代化高质量国家综合立体交通网，并从推进安全发展、推进智慧发展、推进绿色发展和人文建设、提升治理能力四个方面，提出了推进综合交通高质量发展的要求，对于指导交通运输高质量发展具有重要作用。

三是实现了规划方法的创新。运用系统理论、运筹学和运输经济理论，构建综合交通网络规划模型，建立各种运输方式统一的需求预测分析框架、地理信息平台和基础数据库，综合研究客货运输生成和目标年运输需求分布，通过量化各方式技术经济特征进行方式划分，合理分配各方式运量，对各种运输方式高效集约布局提供量化支撑。

四是实现了工作机制的创新。在《规划纲要》编制过程中，完善工作机制，创新组织方式，加强协调配合。在交通强国建设纲要起草组领导下，在各成员单位共同努力下，充分发挥行业、部门、地方优势，组建《规划纲要》编制总体组、协调组、6个行业组、7个区域组、32个地方组和12个专题组，组织近千名专家和编制人员协同开展工作，加强横向沟通、上下联动，形成工作合力。成立由铁路、公路、水运、民航、管道、邮政各行业规划研究单位人员组成的规划专班，紧密配合、相互支撑，集中工作、联合攻关，最大限度提高工作效率，确保工作质量。

（六）如何理解"综合"和"立体"？

立足未来我国经济社会发展和国土空间开发保护格局，抓住我国各种运输方式进入连网贯通的关键时期，推进铁路、公路、水运、民航、邮政快递统筹融合发展，发挥各运输方式的技术互补性和经济互补性，推动实现"各种方式综合化、空间布局立体化、运输服务一体化"。

一是各种方式综合化。国家综合立体交通网涵盖了铁路、公路、水运、民航等多种运输方式以及邮政快递，是我国综合交通运输体系的主干网络。在规划布局中，充分发挥各方式的比较优势与协同互补作用，完善综合交通网络布局，实现"宜铁则铁、宜公则公、宜水则水、宜空则空"。

二是空间布局立体化。国家综合立体交通网包括空中走廊、陆路通道、海上航线和交通枢纽等，《规划纲要》对通道和枢纽立体布局、国土空间利用效率提出了明确要求。一方面，统筹综合交通通道规划建设，集约节约利用通道资源，促进交通通道由单一向综合、由平面向立体发展。另一方面，推进综合交通枢纽一体化规划建设，各种运输方式集中布局，实现空间共享、立体换乘。

三是运输服务一体化。《规划纲要》提出了推进城市群内部、都市圈、城乡交通运输一体化，以及交通运输与邮政快递、现代物流、旅游、装备制造等相关产业融合发展等任务。强调提高交通运输网动态运行管理服务智能化水平，打造以全链条快速化为导向的便捷运输服务网，构建各种方式融合协同的多式联运网络，着力提高综合交通运输网络运行效率，推动实现运输服务一体化。

（七）如何理解发挥各方式比较优势和组合效率？

一是在综合交通网络分析研判阶段，统筹考虑各种运输方式的技术经济特征和比较优势，进行标准化处理，纳入统一的分析框架，综合研究交通发生、吸引和分布。**二是**在强化统筹融合发展的同时，尊重各运输方式各自发展需要和功能定位，优化规模结构、完善功能布局、提升发展质量，坚持目标导向与需求导向相结合，注重政府引导，尊重市场规律，坚持统筹各种运输方式、统筹存量与增量、统筹传统与新型交通发展。**三是**通过土地占用、资源利用效率等总量控制指标，对各行业规划方案进行统筹协调，优化存量，精化增量，实现各行业规划方案与综合规划方案的有机融合。

（八）如何支撑区域协调发展战略？

区域协调发展是国家重大战略。为切实发挥交通的支撑与先行作用，促进各类要素合理流动和高效集聚，形成优势互补、高质量发展的区域发展格局，《规划纲要》围绕区域协调发展对交通运输的总体要求，在国家综合立体交通网规划布局、推进区域交通运输协调发展等方面，进行了统筹谋划，提出了重点任务。

一是规划了完善的国家综合立体交通网。加强区际联系，补齐发展短板，推动实现国际国内互联互通、全国主要城市立体畅达、县级节点有效覆盖，有力支撑"全国123出行交通圈"和"全球123快货物流圈"，缩小区域交通运输发展差距。

二是提出了推进区域交通运输协调发展的任务。从重点区域、四大板块、城市群内部、都市圈四个方面，提出各区域面向未来的综合立体交通网发展重点，力求体现各区域特色。主要包括推进京津冀、长三角、粤港澳大湾区、成渝地区双城经济圈、长江经济带、海南自由贸易港、黄河流域等重点区域交通运输统筹发展，推进东部、中部、西部和东北地区交通运输协调发展，推进城市群内部交通运输一体化发展，推进都市圈交通运输一体化发展等。

（九）如何支撑乡村振兴战略？

乡村振兴是国家重大战略。在《规划纲要》编制过程中，深入分析了农村地区交通发展现状、乡村振兴对农村地区交通运输发展的要求，充分考虑农村地区出行和物流需要，提出了改善农村地区交通运输条件的具体举措。

一是着力改善农村地区出行条件。《规划纲要》提出，统筹规划地方高速公路网，加强与国道、农村公路以及其他运输方式的衔接协调；加快推动乡村交通基础设施提档升级，全面推进"四好农村路"建设；畅通城乡交通运输连接，推进城乡客运一体化，解决好群众出行"最后一公里"问题；提高城乡交通运输公共服务均等化水平，巩固拓展交通运输脱贫攻坚成果同乡村振兴有效衔接。

二是着力满足农村地区物流需要。《规划纲要》提出，推进乡村邮政快递网点、综合服务站、汽车站等设施资源整合共享；加快构建农村物流基础设施骨干网络和末端网络等任务。

（十）如何支撑新型城镇化战略？

新型城镇化是现代化的必由之路，党中央、国务院就深入推进新型城镇化建设作出了一系列重大决策部署。《规划纲要》编制充分考虑新型城镇化发展要求，深入分析了城市群、都市圈和城市交通发展现状，研判了新型城镇化对交通运输的要求，研究了城市群运输需求特征，在总体要求和重点任务中提出了具体措施。

一是提出城市节点连通目标。《规划纲要》以城市群、都市圈、主要城市为重要连通节点，提出到 2035 年，全国主要城市立体畅达、县级节点有效覆盖，有力支撑"全国 123 出行交通圈"（都市区 1 小时通勤、城市群 2 小时通达、全国主要城市 3 小时覆盖）；市地级行政中心 45 分钟上高速铁路、60 分钟到机场，基本实现地级市之间当天可达，中心城区至综合客运枢纽半小时到达。

二是提出了城市群内部交通运输一体化发展的重点任务。《规划纲要》提出，构建便捷高效的城际交通网，加快城市群轨道交通网络化；加强城市群内部重要港口、站场、机场的路网连通性；统筹城际网络、运力与运输组织；构建城市群内部快速空中交通网络；建立健全城市群内交通运输协同发展体制机制等重点任务。

三是提出了都市圈交通运输一体化发展的重点任务。《规划纲要》提出，建设中心城区连接卫星城、新城的大容量、快速化轨道交通网络，加强道路交通衔接；推动城市道路网结构优化；深入实施公交优先发展战略等重点任务。

（十一）如何支撑"一带一路"建设？

党的十九届五中全会提出，推动共建"一带一路"高质量发展，推进基础设施互联互通。《规划纲要》编制充分考虑支撑"一带一路"建设，与"一带一路"交通运输相关规划进行了衔接，研究分析了国际运输、"一带一路"交通发展等现状和形势，深入研判国际客货运输发展趋势，提出了完善面向全球的运输网络等具体举措。

一是《规划纲要》提出，到 2035 年，国家综合立体交通网实现国际国内互联互通，有力支撑"全球 123 快货物流圈"（国内 1 天送达、周边国家 2 天送达、全球主要城市 3 天送达）。

二是提出"完善面向全球的运输网络"，发展多元化国际运输通道，重点打造 7 条陆路国际运输通道；发展以中欧班列为重点的国际货运班列；强化国际航运中心辐射能力，完善 4 条海上国际运输通道；依托国际航空枢纽，构建空中客货运输网络；建设国际干线邮路网等。

三是提出培育壮大一批具有国际竞争力的现代物流企业，鼓励企业积极参与全球供应链重构与升级，依托综合交通枢纽城市建设全球供应链服务中心，打造开放、安全、稳定的全球物流供应链体系。

二、关于国家综合立体交通网规划基础与形势要求

（十二）我国综合交通网络建设现状如何？

我国交通基础设施网络规模已经跃居世界前列，截至2019年底，综合交通实体线网总里程527.9万公里（其中，铁路13.9万公里、公路501.3万公里、内河航道12.7万公里）。铁路覆盖98.8%的城区人口20万以上城市，高速铁路覆盖90.1%的城区人口100万以上城市；高速公路覆盖98.8%的城区人口20万以上城市及地级行政中心；民用航空颁证运输机场238个，运输机场地面100公里覆盖91.1%的地级行政单元以及83.2%的县级行政单元；实现乡乡设所、村村通邮。

从能力利用情况看，我国综合交通网络空间布局仍需完善，运输结构和质量效率有待优化，区域差异明显，西部地区各交通运输方式基础设施能力利用率普遍低于东、中部地区，东部地区部分铁路、公路、港口及机场能力利用率处于饱和状态，特别是干线铁路以及主要城市群之间和大城市周围的公路能力利用率较高。

（十三）《规划纲要》如何落实新发展阶段要求？

党的十九届五中全会提出，全面建成小康社会、实现第一个百年奋斗目标之后，我们要趁势而上开启全面建设社会主义现代化国家新征程、向第二个百年奋斗目标进军，这标志着我国进入了一个新发展阶段。《规划纲要》立足于我国进入新发展阶段的时代要求，科学推进国家综合立体交通网规划建设，更好支撑服务国家大局。《规划纲要》坚持"服务大局"的基本原则，立足全面建设社会主义现代化国家大局，坚持适度超前，推进交通与国土空间开发保护、产业发展、新型城镇化、乡村振兴等协调发展，有效支撑国家重大战略实施。《规划纲要》设置了国家综合立体交通网的布局目标，明确了国家综合立体交通网及其主骨架和国家综合交通枢纽系统的布局方案，提出了完善面向全球的运输网络，推进重点区域交通运输统筹发展，推进东部、中部、西部和东北地区交通运输协调发展，推进城市群内部、都市圈、城乡交通运输一体化发展等重点任务，有效支撑区域协调发展、京津冀协同发展、长三角一体化发展、粤港澳大湾区建设、长江经济带发展、黄河流域生态保护和高质量发展、成渝地区双城经济圈建设、"一带一路"建设、新型城镇化、乡村振兴等战略实施，推动实现国际国内互联互通、全国主要城市立体畅达、县级节点有效覆盖，有力支撑"全国123出行交通圈"和"全球123快货物流圈"建设，为全面建设社会主义现代化国家当好先行。

(十四)《规划纲要》如何贯彻新发展理念?

科学推进国家综合立体交通网规划建设,要坚定不移贯彻新发展理念,推动交通运输高质量发展。《规划纲要》充分贯彻创新、协调、绿色、开放、共享的新发展理念,提出了交通运输高质量发展的要求。《规划纲要》更加突出创新的核心地位,注重交通运输创新驱动和智慧发展;更加突出统筹协调,注重各种运输方式融合发展和城乡区域交通运输协调发展;更加突出绿色发展,注重国土空间开发和生态环境保护;更加突出高水平对外开放,注重对外互联互通和国际供应链开放、安全、稳定;更加突出共享发展,注重建设人民满意交通,满足人民日益增长的美好生活需要。我国交通运输已从高速增长阶段转向高质量发展阶段,要把新发展理念贯穿国家综合立体交通网建设的全过程和各领域,不仅要满足通路、通车、通航、通邮等"基本需求",还要更加重视人民群众的获得感、幸福感、安全感等"美好需求",推动真正实现人享其行、物优其流。

(十五)《规划纲要》如何服务构建新发展格局?

加快构建新发展格局,要求充分发挥交通运输在国民经济中的基础性、先导性、战略性和服务性作用,为国民经济良性循环提供支撑和保障。《规划纲要》在五个方面提出了服务构建新发展格局的重点任务:

一是完善国家综合立体交通网络，服务扩大循环总量。要建设现代化高质量国家综合立体交通网，提升城市群、都市圈交通承载能力，完善农村交通基础设施网络，推进综合交通枢纽一体化规划建设，促进形成优势互补的区域发展格局。**二是**构建现代物流体系，服务提高循环效率。要建设衔接顺畅、高效集约的多式联运服务体系，提高多式联运效率。进一步优化运输结构，推进交通物流与制造业深度融合，持续提升专业物流服务能力。**三是**推进交通运输创新发展，服务增强循环动能。要推进新型交通基础设施建设，加快基础设施智能化，推动交通运输新业态新模式发展，促进消费扩容提质，培育交通运输产业链优势。**四是**提升国际运输保障能力，服务保障循环安畅。要完善面向全球的运输服务网络，打造开放、安全、稳定的全球物流供应链体系，完善交通运输应急保障体系。**五是**提升治理能力，服务降低循环成本。要深化交通运输行业改革，进一步优化营商环境，加强交通运输法治建设和人才队伍建设，推动行业治理高效能。

（十六）全方位对外开放新格局对交通运输有什么要求？

党的十九届五中全会提出实行高水平对外开放、开拓合作共赢新局面，对交通运输发展提出了新的要求。

一是要提升对外运输能力。货运方面，我国对外运输总量仍将持续上升，但增速将逐渐放缓。客运方面，虽然全球客运受新冠肺炎疫情冲击，但从长远来看我国国际交往人员数量将呈现增长态势，总体而言，我国仍需提升对外运输能力，特别是需持续提升客运能力。**二**是要优化对外运输结构。我国对外运输在空间上将呈现东部稳定增长、中西部快速增长，海上缓慢增长、陆路较快增长的态势，未来东部海上对外运输需要优化，西部陆路对外运输需要加快发展。随着我国工业化进入中后期，对外大宗物资运输将达到峰值，但对外集装箱运输仍将快速增长，未来海运体系内部结构面临调整。**三**是要稳固对外运输通道。我国能源、粮食等战略资源对外依存度高的格局仍将长期存在，需要加强世界重要通道与支点的运输保障能力。**四**是要扩大交通影响。需要加强中国在国际交通运输发展中的影响力与话语权。

（十七）全球物流供应链体系建设对交通运输有什么要求？

打造开放、安全、稳定的全球物流供应链体系是我国积极参与全球供应链重构与升级的重要任务。近年来，我国统筹各种运输方式，加快推进全球物流供应链体系建设，为支撑我国发展更高层次的开放型经济、推动形成全面开放新格局发挥了积极作用。但与此同时，我国在参与全球物流供应链建设中也存在一些不足：**一**是我国货运结构性运力矛盾仍然存在，航空货运仍面临一定程度的运力短缺问题。**二**是进口原油、国际航空货物等多由外国企业承运,存在断链、断供风险。**三**是我国物流企业海外服务能力不强,提供"门到门"一体化解决方案方面仍存在短板,综合竞争力偏弱。

完善全球物流供应链体系对交通运输提出了新的要求。**一**是增强国际航空货运能力,提升重要物资海运安全保障能力,扩大中欧班列辐射范围,扩展国际道路运输网络,确保出口货物出得去、进口货物进得来。**二**是加强战略物资运输通道安全保障,做到多方式统筹、多通道保障。**三**是培育具有全球竞争力的现代物流企业,补齐境外物流地面服务短板,促进物流企业与上下游企业融合发展。

(十八)低碳发展对交通运输有什么要求?

我国在"国家自主贡献"中提出将于2030年左右使二氧化碳排放达到峰值并争取尽早实现。气候雄心峰会上,在"力争2030年前二氧化碳排放达到峰值,努力争取2060年前实现碳中和"基础上,习近平主席进一步作出"到2030年,中国单位国内生产总值二氧化碳排放将比2005年下降65%以上,非化石能源占一次能源消费比重将达到25%左右"的庄严承诺。交通运输是我国碳排放的重要排放源,行业面临较大的减排压力。因此,必须加快转变交通发展方式,发挥科技进步的推动作用,大力发展低碳交通。

《规划纲要》在多处强调低碳交通发展。**一**是在"工作原则"中提出,"加快推进绿色低碳发展,交通领域二氧化碳排放尽早达峰,降低污染物及温室气体排放强度"。**二是**在"发展目标"中提出,到 2035 年,单位运输周转量能耗不断降低、二氧化碳排放强度比 2020 年显著下降。**三是**在"优化国家综合立体交通布局"中,注重铁路、水运等交通运输方式的发展,优化调整运输结构。**四是**在"推进综合交通高质量发展"中,提出"推进绿色低碳发展"的具体任务。

(十九)我国产业结构变化对交通运输需求有什么影响?

未来,我国产业结构优化调整的大趋势和以服务业为主导的大方向不会改变,第一产业和第二产业增加值占国内生产总值(GDP)比重将继续降低,第三产业增加值占国内生产总值(GDP)比重将继续提升,对交通运输需求会产生一定影响。**一是**主要货运种类将由石油、天然气、化工原料、金属和非金属原材料、水泥等建筑材料向汽车、飞机、精密仪器、电器电子产品等转变。**二是**大宗散货运输需求增速有所放缓,但运量仍会保持高位。**三是**更快速、更便捷、更准时的物流配送和高价值、小批量、多批次、定制化的货运需求将稳中有升。**四是**高服务质量的商务出行需求将明显增加。**五是**以旅游观光、休闲疗养和文化娱乐为目的的个体出行需求将持续上升。

(二十)我国人口老龄化对交通运输需求有什么影响?

截至 2019 年底,我国 60 岁及以上人口占全国总人口比重为18.1%。预计到2030年，将达到25%左右❶。由于老年群体活动范围小、出行频次低、出行以步行和公交为主等特点，人口老龄化趋势将对我国的交通运输需求产生深远影响。**一是**生产性出行比例降低，生活性出行比例增加。**二是**公共交通出行比例提升，出行距离和频次降低。**三是**对出行的安全性、舒适性和便捷性要求提高。**四是**对无障碍设施设备的需求增加。**五是**对人性化、个性化、精细化运输服务的需求增加。因此，迫切需要打造适老化的交通设施与出行环境。

（二十一）未来我国客货运输需求将发生什么变化？

一是旅客出行需求稳步增长，高品质、多样化、个性化的需求不断增加。预计2021年至2035年旅客出行量（含小汽车出行量）年均增速为3.2%左右。高铁、民航、小汽车出行占比不断提升，国际旅客出行以及城市群旅客出行需求更加旺盛。区域间的人员流动还会增长，高峰期集中出行的特征明显。东部地区仍将是我国出行需求最为集中的区域，中西部地区出行需求增速加快。

二是货物运输需求稳中有升，高价值、小批量、时效强的需求快速攀升。预计2021年至2035年货运量年均增速为2%左右，邮政快递业务量年均增速为6.3%左右。外贸货物运输保持长期增长态势，大宗散货运量未来一段时期保持高位运行

---

❶ 来源：《国家人口发展规划（2016—2030年）》（国发〔2016〕87号）。

状态。东部地区货运需求仍保持较大规模，中西部地区货运量增速将快于东部地区。

（二十二）未来我国科技发展对交通运输有什么影响？

未来，新一轮科技革命和产业变革加速演进，人工智能、大数据、云计算、移动通信、物联网、区块链等新一代信息技术与机器人、智能制造技术相互融合步伐加快，数字经济蓬勃发展，驱动社会、生产和生活方式革命性变化。交通领域的科技发展直接影响着交通系统的规模结构、运输安全、运营效率和服务质量。**一是**载运工具的技术发展，将进一步改变交通系统的布局、规模和结构。轨道载运工具技术进步带来的轨道运输速度的提升，将进一步压缩高速铁路沿线的道路客运，分流运输距离在1500～2000公里以内的部分航空客运市场，还将分流道路运输和航空运输承担的零担运输，会引起交通系统布局规模和结构的变化。**二是**信息化、数字化、智能化、协同化的发展将改变交通系统运营的业态与效率。借助信息化、数字化、智能化和协同化，可以对交通系统时空资源进行优化利用，实现交通需求与供给的更合理匹配与调度，提升传统运输业的自动化水平和服务响应速度，推动共享出行服务等新业态、新模式的发展，提高交通基础设施和载运工具的利用效率。**三是**服务机器人、快递无人机等的普及会减少人们的出行需求，三维（3D）打印等技术的成熟可减少部分货运周转量，影响货运需求。

(二十三)《规划纲要》的发展目标是什么?

《规划纲要》发展目标的设置,主要考虑以下方面:**一是**着眼落实我国进入新发展阶段、贯彻新发展理念、构建新发展格局以及加快建设交通强国等要求,重点围绕基础设施网络布局和规划发展。**二是**反映国家级交通基础设施空间布局的目标和效果,包括服务水平以及绿色、智能、安全发展等方面。**三是**与《建设纲要》中的两个"123交通圈"发展目标进行衔接。据此,《规划纲要》提出了到2035年目标,并对到本世纪中叶进行了远景目标展望。

到2035年,基本建成便捷顺畅、经济高效、绿色集约、智能先进、安全可靠的现代化高质量国家综合立体交通网,实现国际国内互联互通、全国主要城市立体畅达、县级节点有效覆盖,有力支撑"全国123出行交通圈"和"全球123快货物流圈"。交通基础设施质量、智能化与绿色化水平居世界前列。交通运输全面适应人民日益增长的美好生活需要,有力保障国家安全,支撑我国基本实现社会主义现代化。

到本世纪中叶,全面建成现代化高质量国家综合立体交通网,拥有世界一流的交通基础设施体系,交通运输供需有效平衡、服务优质均等、安全有力保障。新技术广泛应用,实现数字化、网络化、智能化、绿色化。出行安全便捷舒适,物流高效经济可靠，实现"人享其行、物优其流"，全面建成交通强国，为全面建成社会主义现代化强国当好先行。

（二十四）《规划纲要》的指标体系是什么？

《规划纲要》指标体系坚持新发展理念、坚持推动高质量发展，紧紧围绕交通强国"人民满意、保障有力、世界前列"的基本内涵和"安全、便捷、高效、绿色、经济"的价值导向，把握我国综合交通运输发展阶段性特征，统筹考虑国家综合立体交通网的物理形态属性和功能效果属性，突出立体互联、统筹融合，将有效引导推动国家综合立体交通网规划建设。指标体系体现了以下特点：

一是引导性，从满足经济社会发展需求和人民美好生活需要出发设置指标，明确国家综合立体交通网建设的方向，引导各类资源要素优化配置。

二是综合性，着眼于各种运输方式基础设施发展的共性需求，统筹规模、质量、效益，强化指标对区域间、方式间差异化特征的包容性，避免突出单一运输方式。

三是代表性，坚持"少精准"，提炼影响交通基础设施网络空间布局的关键因素，充分发挥主要指标的核心带动作用。

四是可比性，力求数据方便获取，指标可计算、效果易评估，又可根据新形式新要求动态调整完善。

《规划纲要》从"便捷顺畅、经济高效、绿色集约、智能先进、安全可靠"5个维度，提出由9项关键指标构成的指标体系，具体包括：

一是便捷顺畅，侧重从旅客出行角度评价各方式基础设施的衔接水平和服务便捷性，设置"享受1小时内快速交通服务的人口占比"和"中心城区至综合客运枢纽半小时可达率"两个指标。

二是经济高效，侧重从货运角度评价各方式基础设施运行效率，着重提高货运衔接转换效率，设置"多式联运换装1小时完成率"和"国家综合立体交通网主骨架能力利用率"两个指标。

三是绿色集约，侧重从各方式基础设施绿色化建设角度评价交通绿色发展，着重解决交通线网集约、节约利用通道资源的问题，设置"主要通道新增交通基础设施多方式国土空间综合利用率提高比例"和"交通基础设施绿色化建设比例"两个指标。

四是智能先进，侧重从基础设施数字化率角度评价智慧交通，着重解决实现智慧化的关键基础性问题，设置"交通基础设施数字化率"一项指标。

五是安全可靠，侧重解决交通网线网韧性和安全设施的可持续效用，设置"重点区域多路径连接比率"和"国家综合立体交通网安全设施完好率"两项指标。

（二十五）各项具体指标的含义是什么？

1. 便捷顺畅

指标1：享受1小时内快速交通服务的人口占比。是指在1小时内通过任一种交通方式能够抵达快速交通方式入口（高速公路入口、高铁站、机场）之一的地理范围内的居住人口占全国总人口的比例。其中，"快速交通服务"是指由《交通强国建设纲要》提到的"发达的快速网"，即高速铁路、高速公路、民用航空三种交通方式提供的交通服务。通过计算1小时内能够享受到高速铁路、高速公路、民用航空三种交通方式的人口比例得出。

指标2：中心城区至综合客运枢纽半小时可达率。是指旅客由城市中心城区至综合客运枢纽，能够实现在半小时内到达的比例。该指标反映民航、铁路等综合客运枢纽空间布局的合理性、集疏运设施配置的完善性、城市交通集疏运方式选择的合理性，是全链条出行快速便捷的重要环节，通过计算半小时可达中心城区的综合客运枢纽的比例得出。

2. 经济高效

指标3：多式联运换装1小时完成率。是指在运输过程中平均完成一次集装箱多式联运换装作业的时间能够控制在1小时内的比例。集装箱多式联运平均换装时间，是指在报告期内，平均完成一次集装箱（重箱）从一种运输方式换装到另一种运输方式的作业时间，不包括等待时间。该指标表征集装箱多式联运换装作业效率，是换装机械配备水平和货物组织调度、站场管理能力的综合体现，指标值越高，表明换装效率越高。该指标值通过统计多式联运枢纽开展集装箱多式联运换装作业服务的时间，测算1小时内完成次数占总量比例获得。

指标4：国家综合立体交通网主骨架能力利用率。是指主骨架中各种交通基础设施的综合平均能力利用率。采用铁路主通道通过能力利用率、公路主通道能力利用率和民航机场起降能力利用率来综合衡量。该指标用于衡量国家综合立体交通网主骨架综合交通基础设施的利用效率，通过计算国家综合立体交通网主骨架中铁路、公路、民航基础设施的能力利用率，在此基础上将三者的基础设施能力利用率按周转量比例加权平均得到最终结果。

3. 绿色集约

指标5：主要通道新增交通基础设施多方式国土空间综合利用率提高比例。是指主要通道规划新增的铁路、公路等线性交通基础设施实现多方式国土空间综合利用的里程占比提高的比例。计算主要通道新增的铁路、公路等线性交通基础设施与各类型各等级线性交通基础设施，在空间上重叠或紧邻的里程，占通道新增线性交通基础设施里程的比例，在此基础上计算与主要通道既有交通基础设施多方式国土空间资源综合利用率相比的提高比例。

指标 6：交通基础设施绿色化建设比例。是指铁路、公路、港口、航道、机场等交通基础设施实现绿色化建设的比例。通过计算按照绿色发展要求和相关绿色交通基础设施标准开展建设和保护的交通基础设施规模占交通基础设施总规模的比例得到。绿色发展要求包括资源节约、生态保护、污染防治、节能降碳四个方面。除个别因国防需要和位于特殊地质条件区域外，国家综合立体交通网内基础设施均应按照绿色发展要求开展建设。

4. 智能先进

指标 7：交通基础设施数字化率。是指具备信息感知、采集传输、服务和控制功能的交通运输基础设施所占比重。基础设施层面的数字化智能化是发展智慧交通的前提。该指标作为"智能先进"维度的具体指标，用于表征交通基础设施数字化智能化水平，通过计算纳入实时信息感知和采集的交通网比例得到。由于民航基础设施的数字化、智能化水平最高，因此在指标计算中主要考虑国家高速公路、普通国道、高速铁路、普速铁路、内河高等级航道等设施信息感知和采集覆盖率，计算纳入实时信息感知和采集的交通网里程占国家综合立体交通网总里程的比例。

5. 安全可靠

指标 8：重点区域多路径连接比率。是指实现多路（两种及以上交通方式或同种交通方式的两条及以上路径）连接的重要口岸、能源基地、自然灾害多发地区等重点区域数量与全国所有的重要口岸、能源基地、自然灾害多发地区等重点区域数量的比例。通过计算能够实现多路径连接的重要口岸、能源基地、自然灾害多发地区等比例得到。

指标9：国家综合立体交通网安全设施完好率。是指国家综合立体交通网线网设施应具备的安全设施在全寿命周期内处于完好状态，能够保持稳定的安全防护功能的比例。通过计算国家综合立体交通网中安全设施处于完好状态的网络规模占总规模的比例得到。由于民航机场、国家高速公路、高速铁路等基础设施的安全水平较高，因此主要考虑普通国道、普速铁路以及新纳入国家航道网的低等级航道等方面，计算安全设施达标的基础设施里程占交通网总里程的比例。

三、关于优化国家综合立体交通布局

（二十六）如何理解国家综合立体交通网的总体布局思路？

坚持目标导向与需求导向相结合，坚持统筹存量与增量、传统与新型交通发展，统筹考虑国家政治、经济、社会以及国土、生态、安全等方面的要求，充分利用全行业数据、移动通信和互联网大数据，搭建多种运输方式一体的网络预测分配模型，按照"空间协调、功能融合、定量支撑、综合衔接"的布局思路，以重要城市、产业集群、区域通道、主要枢纽节点和口岸等为切入点，以着力完善网络布局、优化体系结构、加强衔接协调、提升服务品质和增强系统韧性为思路，对各行业规划研究方案进行统筹优化和衔接平衡。

空间协调：充分考虑国家未来国土空间开发格局，以及人口、产业和生产力布局的空间特征，经聚类分析，提出多中心、多层次、网络化的国家综合立体交通网空间布局基本形态。结合客货运输量流向空间分布特点及演变趋势，围绕城市群、都市圈、中心城市、重要工业能源生产消费区域和主要口岸等重要节点，布局形成各运输方式资源优化配置、比较优势充分发挥、运输强度最大的交通主动脉。

功能融合：各运输方式依据各自发展需要和功能定位，以两阶段规划目标为导向，继续优化规模结构、完善功能布局、提升发展质量，以县级行政单元为基础节点，在同一尺度下提出各行业规划布局方案。并以此为基础，在统一框架下统筹考虑铁路、公路、水运、民航和邮政的需求特征，按照减少土地占用、提高资源利用效率的总体要求，对各行业规划方案进行统筹协调，着力优化存量，精化增量。

定量支撑：从客货运输服务的功能和本质出发，建立铁路、公路、水运、民航、邮政等统一的分析框架、地理信息系统（GIS）平台和基础数据库，结合各种运输方式技术经济特征的量化处理，综合研究客货运输的发生、吸引和分布，采用基于枢纽为转换节点的网络分配模型，为实现各运输方式的高效集约提供量化支撑。

综合衔接：以需求预测及理论模型为研究基础，强化定量与定性、理论与实践相统一，结合国家经济产业布局和国土空间发展格局，充分考虑政治、国土均衡等功能需求，充分做好与国土、城市、环境及国民经济发展规划的衔接协调，不断完善国家综合立体交通网布局方案。

（二十七）铁路网布局思路是什么？

布局思路：以国家重大战略为指引，坚持目标导向、问题导向相统一，优化存量资源配置、扩大优质增量供给，打造现代化高质量铁路网。**区域布局思路**：东部地区以提升路网质量、优化路网结构为主，重点加强城际及市域铁路规划布局；中西部地区以扩大路网覆盖、完善路网布局为主，强化沿边及普速干线铁路规划布局，合理规划布局高速铁路，加快开发性铁路建设；东北地区以提升既有路网质量为主，加强既有线升级改造，合理布局区域性高速铁路，强化普速铁路连接线及支线铁路布局。**路网结构布局思路**：高速铁路布局，统筹考虑城市化战略格局、人口空间分布、产业布局，优化完善"八纵八横"高速铁路主通道布局，提高路网整体能力和质量，适度增加区域性高速铁路，拓展路网覆盖。普速铁路布局，综合考虑国土空间开发、人口城镇布局、产业资源分布、沿江沿海港口规划等要素，布局普速铁路干线，优化完善普速铁路网布局，强化既有线扩能改造，加强支线铁路建设。城际铁路布局，结合城市空间布局、人口分布、客运需求特征、区域路网结构等因素，在京津冀、长江三角洲、粤港澳大湾区、长江中游、成渝、中原、山东半岛、海峡西岸、辽中南、关中、哈长、滇中、黔中、天山北坡、宁夏沿黄、呼包鄂榆、北部湾、太原、兰州—西宁、藏中南等城镇化地区布局构建合理的城际铁路网络。市域铁路布局，在人口密度高、需求旺盛的超大城市、特大城市及具备条件的大城市布局市域铁路新线。重点布局北京、天津、上海、杭州、广州、武汉、成都、重庆、沈阳等都市圈市域铁路。

布局目标：以铁路连接城区人口 20 万以上城市、资源富集区、货物主要集散地、主要港口及口岸，扩大县级以上行政区覆盖，高速铁路连接城区人口 50 万以上城市、覆盖省会城市，打造轨道上的城市群、都市圈等为目标，按照"畅通客货运输通道、完善干线铁路布局、强化铁路综合枢纽"的思想，分层分类布设路网，实现客运"高速便捷"、货运"通道畅达"、路网"系统协调"的铁路网格局。

布局方法：**一是**构建形成连接国家主要城市、AAAAA 级景区、矿产资源基地、港口等多种理论网层，叠加形成全国铁路概念网。**二是**对概念网进行线位对照、布局优化和技术标准匹配分析研究，并以区域规划为补充，梳理构成概念网的各研究项目，形成连接节点间网络的项目备选库，通过逐步优化，形成项目初选库，依据项目优选原则、优选方法，并结合地方及专家意见进一步梳理完善，最终得到项目优选库。**三是**以路网总规模为控制，统筹运输需求、路网质量、通道能力、均衡发展、协调融合、质量效益，按高速铁路、普速铁路、城际铁路、市域铁路、综合交通枢纽等进行分类研究、整体优化，形成路网布局方案。**四是**结合铁路新技术发展，把握数字化、网络化、智能化融合发展新契机，统筹考虑技术变革、管理创新等对铁路发展的影响，进一步优化完善铁路网。

布局方案：高速铁路网，在 2016 年印发的《中长期铁网规划》基础上，优化完善"八纵八横"主通道及区域性高速铁路。**一是**优化"八纵八横"主通道布局。研究将沿海通道起讫点调整为丹东、东兴；将京昆通道北京至太原段径路，优化调整为北京—雄安—忻州—太原；呼南通道研究增加焦作—洛阳—平顶山径路；沿江通道研究增加武汉—荆门—宜昌、成都—重庆等径路；包（银）海通道海南段研究新增海口至三亚铁路。**二是**研究补强部分高速铁路主通道能力。补强沿江通道重庆—宜昌段能力；京港（台）通道研究新增南昌—福州（厦门）铁路；青银通道研究新增绥德—定边—银川（兰州）铁路；沿海通道研究新增温州—福州、漳州—汕头等铁路。**三是**完善区域性高速铁路。在 2016 年印发的《中长期铁路网规划》的基础上，研究新增杭州—绩溪、永州—清远—广州、黔江—吉首等区域性高速铁路。城际铁路网，研究在京津冀、长三角、粤港澳大湾区、成渝等重点城市群布局发达的城际铁路网，其他城市群布局符合城市群发展需要的城际铁路网，打造轨道上的城市群。普速铁路网，研究将2016年印发的《中长期铁路网规划》布局的12条区际快捷大能力通道，优化调整为佳木斯—上海（杭州）通道、同江—上海通道、漠河—深圳（福州）通道、北京—香港（凭祥）通道、二连浩特—三亚通道、满都拉—防城港（北海）通道、浩勒报吉—泉州通道、临河—河口（磨憨）通道8条横向通道；绥芬河—满洲里通道、天津（四平）—乌鲁木齐通道、青岛—银川（武威）通道、陆桥通道、宁波—拉萨通道、启东—拉萨通道、上海—瑞丽通道、西南出海通道8条纵向通道，增加煤炭铁水联运通道及西部沿边通道。

（二十八）公路网布局思路是什么？

按照"用足存量，做优增量"的思路，在维持既有路网总体稳定的基础上，进行局部优化和增减。

国家高速公路布局重点考虑：**一是**强化城市群核心城市之间的顺直联系，增设主要城市群间便捷通道，增加沈阳至秦皇岛、南京至九江、南昌至宁德、武汉至重庆、杭州至上饶、深圳至南宁、雄安至武汉、成都至贵阳、神池至太原等国家高速公路路线。**二是**支撑城市群交通一体化发展，增设城市群内部城际快速通道，增加北京至雄安、北京至德州、扬州至杭州、上海至宁波、上海至慈溪、南京至合肥、南京至六安、盐城至蚌埠、武汉至南昌、南昌至长沙、永登至海晏等国家高速公路路线，对G18荣成至乌海高速公路雄安段线位进行优化调整。**三是**增强中心城市辐射带动功能，增设哈尔滨、长春、杭州、南京、郑州、武汉、长沙、西安、重庆、成都等城市国家高速公路都市圈环线，优化调整首都地区环线走向。**四是**支持中小城市加快发展，补充连接省直辖县（市）以及城区人口10万以上的市县，增加绥化至北安、双鸭山至宝清、济宁至徐州、平顶山至宜昌、洛阳至内乡、合肥至信阳、安阳至长治、晋城至永济、安塞至清涧、杭州至乐清、泉州至梅州、长沙至凤凰、张家界至吉首、南宁至武冈、屏山至兴义、洞口至三穗、伊宁至新源、阿克苏至阿拉尔、房县至五峰、安乡至慈利、巴中至成都、滨州至德州、徐州至合肥、衡阳至新宁、济南至聊城、洛阳至卢氏、抚州至吉安、南通至如东、曲靖至弥勒、商丘至固始、康平至沈阳、武汉至岳阳、秀山至从江、宜昌至华容、长春至辽源等国家高速公路路线。**五是**支撑全面开放新格局，补充连接边境口岸县市及重要口岸，服务西部陆海新通道建设，增加抚松至长白、白山至临江、乌拉特前旗至甘其毛都、额济纳旗至策克、临沧至清水河、贵阳至北海等国家高速公路路线。**六是**提高路网可靠性，增加临沧至勐海、鸡西至建三江、伊春至北安、海拉尔至加格达奇、锡林浩特至二连浩特、阿克苏至阿拉尔、沙县至南平、奎屯至库车、丹凤至宁陕、新乐至忻州等国家高速公路路线，将 G1113 丹东至阜新高速公路调整为丹东至新民，考虑生态环保等因素，对 G1013 海拉尔至张家口高速公路海拉尔至阿尔山段路线走向进行优化调整。综上所述，国家高速公路共布局 7 条放射线、11 条南北纵线、18 条东西横线，以及 6 条地区环线、10 条都市圈环线、29 条城市绕城环线、30 条并行线、157 条联络线，总规模约 16.0 万公里，较原规划方案（13.9 万公里）新增 2.1 万公里，"71118" 路网主骨架保持不变，主要增设 10 条都市圈环线、11 条并行线和 53 条联络线。需要说明的是，城市绕城环线均为《国家公路网规划（2013 年—2030 年)》中的路线，覆盖了直辖市、各省省会、自治区首府及计划单列市，其路线名称、编号和排序在《公路路线标识规则和国道编号》（国标 GB/T 917—2017）中均已明确。

普通国道布局重点考虑：**一是**补充连接双湖、长子县级节点，增加双湖至班戈普通国道路线，对 G341 平顺至屯留段路线走向进行优化调整。**二是**增设相邻重要地市间便捷通道，增加哈尔滨至松原、黑河至加格达奇、沈阳至庄河、赤峰至锦州港、雄安至沧州、廊坊至雄安、德州至石家庄、德州至晋中、商丘至南阳、景泰至兰州、武威至定西、泗阳至阜阳、吴江至芜湖、台州至上饶、青田至厦门、广昌至长沙、乐山至雅安、钦州至崇左、文山至蒙自等普通国道路线。**三是**优化调整雄安新区、南京、福州、太原、南昌、贵阳、昆明等重要城市的普通国道过境方案。**四是**支撑全面开放新格局，补充连接边境公路口岸，对接亚洲公路网，增加和龙至南坪口岸、珲春至珲春口岸、伊宁至都拉塔、吉木乃至吉木乃口岸、那坡至平孟、珲春至沙坨子口岸、奇台至乌拉斯台、乌力吉口岸至阿拉善左旗、金平至金水河、峒中至峒中口岸、额尔古纳至室韦、塔什库尔干至卡拉苏、富蕴至塔克什肯等普通国道路线。**五是**保障国家安全，优化调整沿海沿边地区普通国道路线走向，增设部分联络线。**六是**支撑国家旅游风景道建设，加强对重要旅游景区的有效连接，增加呼伦贝尔至罕达盖、五常至敦化、围场至张家口、兰考至乌海、乌海至西吉、叶集至信阳、大悟至岳西、萍乡至新化、稻城至香格里拉、西乌珠穆沁旗至克什克腾、平武至松潘、巴河至巴松措、特克斯至喀拉峻、阜康至天山天池、丽江至玉龙雪山、云阳至利川、扎兰屯至阿尔山、大方至普定、安顺至罗甸、宜良至九乡、当雄至纳木错、井陉至苍岩山、淳安至黄山等普通国道路线。**七是**提高路网可靠性，增加太仓港至平湖、红原至宁蒗、渠县至华蓥、理县至石棉、海东至湟源、夏河至泽库、同仁至贵德、扎赉特旗至公主岭、漫江至临江、克拉玛依至阿拉山口、改则至巴嘎、横山至安塞、岳西至望江、万宁至洋浦、房县至兴山、巴东至来凤、垫江至凯里、从江至荔波、松桃至岑巩、关岭至安龙、黑河至嫩江、沁源至霍州、宜章至江华、巫溪至城口、惠水至平塘、合水至华池、红寺堡至泾川、呼玛至乌兰浩特等普通国道路线，对 G230 延津至开封段、G344 洛南至蓝田段、G555 施甸连接线、G557 贡觉连接线等的路线走向进行优化调整。综上所述，普通国道共布局 12 条放射线、47 条南北纵线、60 条东西横线和 180 条联络线，总规模约 30.0 万公里，较原规划方案（26.5 万公里）新增里程约 3.5 万公里，路网骨架总体保持一致，联络线较原方案增设 99 条。

（二十九）水运网布局思路是什么？

国家航道网：布局"四纵四横两网"国家高等级航道。国家高等级航道是全国内河航道的核心和骨干，是国家综合交通运输体系的重要组成部分，沟通重要区域和城市，连接主要工矿基地和综合交通枢纽等，在大宗散杂货、集装箱等重要物资中长距离运输中发挥重要作用。国家高等级航道的发展规划技术等级原则上最低为三级，可通航千吨级以上船舶。国家高等级航道布局的主要思路是在原"两横一纵两网十八线"1.9 万公里内河高等级航道布局的基础上，按照"强化通道、沟通水系、辐射延伸、通达海港"的思路对原布局进行拓展完善，具体考虑为：一是依托主要大江大河，强化东西向跨区域内河水运通道。二是布局具有重大战略意义的水系沟通运河，构筑南北向跨流域水运通道。三是利用各水系支流航道辐射延伸,实现重点覆盖、局部成网。**四**是促进开放融合,加强通江达海及国境国际河流航道布局。**五**是根据生态保护等要求调减局部线路,绕开局部环境敏感区和城市中心区,最终形成"四纵四横两网"的总体布局。其中,"四纵"主要包括京杭运河、江淮干线、浙赣粤和汉湘桂四条跨流域水运通道。"四横"主要包括长江干线及主要支流、西江干线及主要支流、淮河干线及主要支流、黑龙江及主要支流四条跨区域水运通道。"两网"包括长江三角洲国家高等级航道网和珠江三角洲国家高等级航道网。此外,将闽江、澜沧江等纳入国家高等级航道布局。到2035年,国家高等级航道建成约2.5万公里;其余国家高等级航道按发展规划技术等级加强资源保护,根据流域经济社会发展需要,结合水资源开发利用等适时建设。

主要港口:**一**是打造具有全球竞争力的国际枢纽海港。国际枢纽海港是全球航运枢纽和国际物流中心,是对外开放的核心门户。布局上海港、大连港、天津港、青岛港、连云港港、宁波舟山港、厦门港、深圳港、广州港、北部湾港、洋浦港11个国际枢纽海港,打造具有国际影响力和资源配置能力的航运枢纽,提升国际影响力与竞争力,引领沿海港口转型升级与现代化发展。**二**是强化主要港口布局。综合考虑完善沿海港口体系、促进综合交通运输体系发展、推动国土空间开发、支撑对外开放和推动海南自贸港建设等,新增3个港口纳入沿海主要港口。按照"加强支撑、促进协同、拓展腹地、完善系统"的思路，在航运条件较好的支流高等级航道上，本着战略地位突出、发展基础最好、发展潜力较大的原则，依托国家高等级航道沿线的省会城市和重要地级城市，与综合交通枢纽和开放口岸协同布局，综合考虑区域协调发展和保障重点物资运输需要，增加 8 个港口纳入内河主要港口布局。最终形成 63 个全国主要港口，包括 27 个沿海主要港口和 36 个内河主要港口。沿海主要港口包括大连港、营口港、秦皇岛港、唐山港、天津港、黄骅港、烟台港、日照港、青岛港、连云港港、上海港、南通港、苏州港、镇江港、南京港、宁波舟山港、温州港、福州港、厦门港、汕头港、深圳港、广州港、珠海港、湛江港、北部湾港、海口港、洋浦港。内河主要港口包括宜宾港、泸州港、重庆港、宜昌港、荆州港、武汉港、黄石港、岳阳港、九江港、安庆港、芜湖港、马鞍山港、长沙港、南昌港、合肥港、襄阳港、常德港、嘉兴港、湖州港、南宁港、贵港港、梧州港、肇庆港、佛山港、柳州港、来宾港、清远港、济宁港、徐州港、淮安港、无锡港、杭州港、蚌埠港、周口港、哈尔滨港、佳木斯港。

（三十）民用运输机场布局思路是什么？

按照"匡大数、布小点、优供给、促衔接"的总体思路，进行运输机场布局，构建覆盖广泛、分布合理、功能完善、集约环保的现代化民用运输机场体系。**一是**匡大数，基于中心地理论，借鉴国际经验，立足我国实际，确定机场的总数。**二是**布小点，"自上而下"，在现有机场布局基础上，综合考虑多重布局因素，确定机场空间布局，提升航空出行便捷性和均衡性；"自下而上"，充分对接各省（区、市）机场布局需求，统筹各省（区、市）行政边界机场布局。**三是**优供给，根据市场需求确定主要机场设施规模及"一市多场"布局需求；根据机场发展基础和在航空运输网络中的战略作用，明确机场功能定位，明晰机场层级。**四是**促衔接，根据不同功能层级机场，提出与其他运输方式的衔接要求，发挥综合交通组合效率。

关于航空枢纽布局方案，包括世界级机场群、国际航空（货运）枢纽、区域航空枢纽。世界级机场群是指京津冀、长三角、粤港澳、成渝四大机场群，服务于世界级城市群建设。国际航空（货运）枢纽是指业务规模大、服务国际客货运输功能较为突出的机场，2017年国务院批准实施的《全国民用运输机场布局规划》布局建设北京等10个国际航空枢纽，要坚持客货并举，进一步提升北京、上海、广州的全球航空服务能力，完善成都、重庆、深圳、昆明、西安、乌鲁木齐、哈尔滨等国际航空枢纽网络，在此基础上，布局建设郑州、天津、合肥、鄂州4个国际航空货运枢纽，有力支撑产业链、供应链，服务构建以国内大循环为主体、国内国际双循环相互促进的新发展格局。区域航空枢纽是指具有较大业务规模、国内航线覆盖广泛并具有一定国际功能的机场，2017年《全国民用运输机场布局规划》提出培育沈阳、长春、太原、呼和浩特、天津、石家庄、杭州、南京、合肥、郑州、济南、南昌、福州、武汉、长沙、海口、南宁、贵阳、拉萨、兰州、银川、西宁、大连、青岛、厦门、宁波、温州、三亚、桂林29个机场的区域航空枢纽功能，在国家综合机场体系中承担了骨干作用，下一阶段研究推进珠海、烟台、泉州、无锡、揭阳、丽江等区域航空枢纽建设，区域航空枢纽总数达到40个左右。

（三十一）航路规划思路是什么？

《规划纲要》关于国家航路网的规划方案为方向性描述，以思路展望为主，立足我国现有航路网结构及运行特点，以满足2035年航空市场发展需求为目标，结合航行新技术发展趋势，从安全、容量、效率等角度出发，提出航路网规划思路。**一是**着力提升繁忙机场运行容量，加快终端管制区建设。**二是**推动我国航路网与亚太航路网的高效衔接，加快构建结构清晰、衔接顺畅的国际航路航线网络。**三是**推动主要机场群之间构建基于大容量通道、平行航路、单向循环等先进运行方式的高空航路航线网络。**四是**统筹运输航空和通用航空发展需求，构建基于性能导航为主、传统导航为辅的适应各类航空用户需求的中低空航路航线网络。**五是**深化国家空管体制改革。

（三十二）邮政快递布局思路是什么？

国家邮政快递网按照"枢纽＋邮路＋网络"的思路，研究我国邮政快递网基本布局。在目标市场分析和枢纽节点分析的基础上，结合国家战略，确定邮政快递网的国内和国外枢纽节点，立足国内国际邮件快件流量流向需求，依托枢纽节点搭建国内国际邮政快递运输邮路，进而构筑立足国内、服务全球的邮政快递网络。

一是打造功能强大、开放共享的国家邮政快递枢纽体系。邮政快递枢纽体系由邮政快递枢纽（邮政快递枢纽城市）、邮政快递枢纽站场（处理中心）共同组成。邮政快递枢纽是邮政快递与多种运输方式的交叉与衔接之处，承担区域内部和区域对外的邮政快递集散和中转功能，兼具交通枢纽和物流枢纽的功能。从枢纽规模、辐射能级和功能上看，结合城市群分布特点，邮政快递枢纽分为全球性国际邮政快递枢纽集群、区域性国际邮政快递枢纽和全国性邮政快递枢纽。以地市为单位确定国内关键节点，以国家、重点地区为单位确定国际关键节点，以规模量级、辐射能级、地理区位、城市特性和运输保障能力等确定枢纽能级和枢纽功能。全球性国际邮政快递枢纽集群重点考虑对于国际邮件快件在全球的中转辐射作用，尤其是洲际间的辐射作用，计划打造北京天津雄安、上海南京杭州、武汉（鄂州）郑州长沙、广州深圳、成都重庆西安等 5 个全球性国际邮政快递枢纽集群。区域性国际邮政快递枢纽以洲内短途、周边国家和少量洲际邮件快件中转辐射为主，计划打造沈阳、大连、哈尔滨、无锡、宁波（舟山）、嘉兴、金华（义乌）、合肥、福州、厦门、青岛、南宁、海口、昆明、乌鲁木齐等 20 个左右区域性国际邮政快递枢纽。全国性邮政快递枢纽综合考虑全国辐射性和具备全国性枢纽功能的省会城市，计划在全国范围内打造 45 个左右全国性邮政快递枢纽，此外全球性国际邮政快递枢纽和区域性国际邮政快递枢纽同样兼具全国性邮政快递枢纽功能。

　　二是建设通达广泛、互联高效的国内国际运输邮路（含快递）。依托铁路、公路、水运、民航等交通运输方式，做强公路邮路、做大铁路邮路、做精航空邮路、做实水运邮路，畅通国内国际邮路运输通道。既发展重要流量通道，又兼顾国家战略孕育的新通道。分阶段布局推进，引导市场在货源、流向、邮件快件通道等方面形成建设合力。完善日本、韩国、东南亚、南亚、俄罗斯等周边区域为核心的国际邮路通道，打通面向西欧、中东、美洲、非洲、大洋洲等远程区域的寄递邮路通道。

　　三是构建覆盖全国、通达全球的邮政快递网。依托枢纽节点和邮路所搭起的骨架网络，推动形成布局合理、覆盖全球的邮政快递运输网络。依托国内发达的公路网络，推动建成城市公共寄递末端网络和县乡村三级公共寄递末端网络，实现国内寄递末端通乡达村。国际邮政扩展聚焦重点目标国家，加强境外业务总部、经营网点、海外仓等基础建设，推动建设通达广泛、服务稳定的国际本地网络。

（三十三）国家综合立体交通网实体线网在全国交通网中占多大比例？

国家综合立体交通网连接全国所有县级及以上行政区、边境口岸、国防设施、主要景区等。以统筹融合为导向，着力补短板、重衔接、优网络、提效能，更加注重存量资源优化利用和增量供给质量提升，完善铁路、公路、水运、民航、邮政快递等基础设施网络，构建以铁路为主干，以公路为基础，水运、民航比较优势充分发挥的国家综合立体交通网。

到2035年，国家综合立体交通网实体线网总规模合计70万公里左右（不含国际陆路通道境外段、空中及海上航路、邮路里程），约占全国综合交通基础设施实体线网总规模的11%。全国综合交通基础设施由全国范围内的铁路、公路、水运、民航、邮政快递等基础设施组成，2035年全国综合交通基础设施实体线网里程达到630万公里左右。

（三十四）如何理解国家综合立体交通网主骨架布局？

《规划纲要》提出的"6轴、7廊、8通道"国家综合立体交通网主骨架布局注重从"平面规划"到"立体规划",从"简单功能"到"复合功能",突出了以下要求:**一**是突出对国土空间开发的支撑作用。"6轴、7廊、8通道"布局突出由单一向综合、由平面向立体的发展要求,涵盖铁路、公路、水运、民航和邮政快递,是各种方式网络形态的高度统筹,是我国区域之间、城市群之间、省际之间以及国际之间跨区域运输的主动脉,是支撑国土空间开发的主轴线,也是各种运输方式资源配置效率最高、运输强度最大的骨架网络。**二**是体现差异化分类指导的规划理念。"6轴、7廊、8通道"从国土空间集聚开发、客货运输效率、通道综合利用等角度进行统筹,形成"主轴、走廊、通道"三个层级的布局结构,在设施密度、运输强度、交通功能等角度呈现梯度分布特征,进一步加强国土空间开发与保护格局的匹配,更好地体现差异化分类指导的规划理念。**三**是注重继承与优化。"6轴、7廊、8通道"总体上延续《"十三五"现代综合交通运输体系发展规划》提出的"十纵十横"空间布局的主体形态,体现空间格局的稳定性,同时从提高资源综合利用效率等角度进行进一步优化。从空间布局效果看,"6轴、7廊、8通道"覆盖了90%以上的"十纵十横"综合运输通道和96%以上的主要控制点,并对"十纵十横"中"沿海运输通道""北京至上海运输通道""陆桥运输通道"等8条通道进行了优化拓展。

（三十五）国家综合交通枢纽系统由什么构成？

《规划纲要》提出要建设综合交通枢纽集群、枢纽城市及枢纽港站"三位一体"的国家综合交通枢纽系统。国家综合交通枢纽系统由4大国际性综合交通枢纽集群、100个左右国家综合交通枢纽城市、若干综合枢纽港站共同构成。

国际性综合交通枢纽集群，是指依托超大型城市群内高度发达的多模式一体化综合立体交通网，以国际性综合交通枢纽城市为核心，联动多个不同层级的枢纽城市，形成空间分布相对集中、枢纽功能融合互补、运行组织协同高效的多中心、多层级、网络化的交通枢纽集群。枢纽集群建设的重点，是面向世界，着力打造京津冀、长三角、粤港澳大湾区、成渝地区双城经济圈4大国际性综合交通枢纽集群。这些枢纽集群对于我国参与全球竞争合作、服务国际人员交往、支撑资源要素配置具有重要的战略意义。

国家综合交通枢纽城市，是综合立体交通网实现一体融合的空间载体，是枢纽功能建设和发挥的基本依托。此次规划纲要中提出要打造20个左右国际性综合交通枢纽城市和80个左右全国性综合交通枢纽城市。国际性综合交通枢纽城市，是指链接国家综合立体交通网主骨架及国际运输通道的核心节点，在国际人员交往、物流中转集散、全球资源配置等服务功能上发挥重要组织支撑作用。全国性综合交通枢纽城市，是国家综合立体交通网关键节点，主要依托区域经济、文化和政治中心城市，在跨区域人员交流和国家战略物资的中转集散中发挥重要组织作用，对提升国家应急救援、系统运输组织、货物快速投递和国家物流发展等方面服务能力具有重要支撑作用。

综合枢纽港站，是枢纽运输组织功能具体落地的重要设施。《规划纲要》提出推进一批国际性枢纽港站、全国性枢纽港站建设。国际性综合交通枢纽港站，是支撑枢纽集群、枢纽城市实现其国际性服务功能的重要载体，主要包括国际功能突出的国际铁路枢纽和场站、国际枢纽海港、国际航空（货运）枢纽、国际邮政快递处理中心等。全国性综合交通枢纽港站，主要包括在我国境内大区域间运输组织中起到重要作用的枢纽港站，如重要的铁路场站、港口、区域航空枢纽机场，以及国家物流枢纽与全国性邮政处理中心。

（三十六）国家综合交通枢纽城市布局思路是什么？

综合交通枢纽城市布局思路：**一是**按照一定的基本遴选标准，量化分析我国各城市节点的交通区位条件、城市承载条件、枢纽功能条件等要素，根据各项条件发育情况，依次遴选确定国家综合交通枢纽城市的基准方案、概念方案、基础方案。**二是**对比 2017 年国务院印发的《"十三五"现代综合交通运输体系发展规划》中的枢纽城市布局方案，综合考量"强化国家战略取向、加强综合交通衔接、引导功能协同联动、突出国际功能培育"等增量优化原则，确定面向 2035 年的国家综合交通枢纽城市布局方案。

国家综合交通枢纽城市基本遴选标准：**一是**交通区位条件。必须位于国家综合立体交通网的骨架通道上，具备多种运输方式相交汇的交通区位，原则上应至少满足两条交通主干道交汇的条件。**二是**城市承载条件，一类是我国各大区域的政治、经济、文化交流中心城市，是构建跨区域、省际间快速客货运输组织系统的核心节点，直辖市、省会、计划单列市、特别行政区、国家中心城市、城区 500 万人口以上特大城市，根据功能直接入选；二类是从满足国土集聚开发与区域协调发展战略要求出发，国家级综合交通枢纽节点必须在所处经济板块中具备较大的节点经济容量或辐射能力，属于四大经济板块（东、中、西、东北）中的经济中心城市、次中心城市，具备较强的经济集聚辐射作用。**三是**枢纽功能条件，国家级枢纽节点必须在全国或者所处经济板块中具备较大的节点经济容量或辐射能力，且发挥着重要的集聚辐射与运输组织作用，具备区域性交通中转、集散中心的地位。**四是**强化功能导向，对于位于同一城市群内，1 小时陆路交通时间内，存在功能互补的枢纽予以功能整合、组合共建。**五是**突出国际功能培育，国际性综合交通枢纽城市原则上至少在全国性综合交通枢纽城市基础上，具备以下功能：国际性航空枢纽、国际枢纽港、中欧班列铁路港等。

国家综合交通枢纽城市建设推进思路：按照以上总体思路和遴选标准，未来一段时期拟重点依托北京、天津、上海、南京、杭州、广州、深圳、成都、重庆、沈阳、大连、哈尔滨、青岛、厦门、郑州、武汉、海口、昆明、西安、乌鲁木齐等城市，培育和打造国际性综合交通枢纽；加快建设石家庄、唐山—秦皇岛、雄安、邯郸、太原、大同、呼和浩特、包头、通辽、营口、长春、吉林、齐齐哈尔、连云港—徐州—淮安、苏州—无锡—南通、宁波、温州、金华（义乌）、合肥、芜湖、蚌埠、福州、泉州、南昌—九江、赣州、上饶、济南、烟台、潍坊、临沂、洛阳、商丘、南阳、襄阳、宜昌、黄冈—鄂州—黄石、长沙、岳阳、怀化、衡阳、珠海、汕头—揭阳—潮州、湛江、南宁、柳州、桂林、钦州—北海—防城港、三亚、万州—达州—开州、泸州—宜宾、广元、攀枝花、贵阳、遵义、曲靖、大理、拉萨、宝鸡、榆林、安康、兰州、酒泉—嘉峪关、西宁、格尔木、银川、中卫、库尔勒、喀什、伊宁等一批全国性综合交通枢纽城市，完善和提升国家综合交通枢纽系统功能。

（三十七）面向全球的运输网络如何发展？

目前，我国已形成以海运为主体、其他运输方式共同发展的面向全球的运输网络，"六廊六路多国多港"的互联互通架构基本形成，有力地保障了国际贸易和国际交流的开展。随着新时代全面对外开放新格局的加快构建和"一带一路"倡议的深入推进，国际运输通道不畅、网络连接度较低、枢纽辐射能力不足等问题也暴露出来。未来全球运输网络的一体化水平将持续提高，各种运输方式的衔接将更加紧密。尤其是在"一带一路"倡议的推动下，亚洲各国之间及亚欧、亚非之间有望建立起海运、铁路、公路、民航等多种运输方式无缝衔接的综合立体交通网络。

为此，应进一步加强交通基础设施互联互通和国际运输保障，着力形成功能完备、立体互联、陆海空统筹的运输网络。到 2035 年，打造新亚欧大陆桥、中蒙俄、中国—中亚—西亚、中国—中南半岛、中巴、中尼印和孟中印缅 7 条陆路国际运输通道，完善经日本、韩国跨太平洋至美洲（东向）、经东南亚至大洋洲（南向）、经东南亚、南亚跨印度洋至欧洲和非洲（西向）、跨北冰洋的冰上丝绸之路（北向）4 条海上国际运输通道。依托国际航空枢纽，构建四通八达、覆盖全球的空中客货运输网络。建设覆盖五洲、连通全球、互利共赢、协同高效的国际干线邮路网。

四、关于推进综合交通统筹融合发展

（三十八）如何推动综合交通统筹融合发展？

《规划纲要》从跨方式、跨领域、跨区域、跨产业四个维度，提出四方面任务。**一是**推进各种运输方式统筹融合发展，包括统筹综合交通通道规划建设，推进综合交通枢纽一体化规划建设，推动城市内外交通有效衔接。**二是**推进交通基础设施网与运输服务网、信息网、能源网融合发展。**三是**推进区域交通运输协调发展，包括推进京津冀等重点区域交通运输统筹发展，推进东部、中部、西部和东北地区交通运输协调发展，推进城市群内部交通运输一体化发展，推进都市圈交通运输一体化发展，推进城乡交通运输一体化发展。**四是**推进交通与相关产业融合发展。包括推进交通与邮政快递融合发展、交通与现代物流融合发展、交通与旅游融合发展、交通与装备制造等相关产业融合发展。

（三十九）如何加强通道规划建设统筹？

《规划纲要》针对综合交通通道一体化规划建设问题，以通道集约、线位优化、线路共享、立体发展为主要手段，充分发挥通道综合效能，节约集约利用土地资源。具体从四个方面提出了任务要求。**一是**强化规划统筹。通过落实国土空间规划对交通基础设施规划建设的指导约束，强化综合立体交通网规划与国土空间规划、各方式空间规划的衔接协调。**二是**节约集约利用资源。突出"综合""立体"导向，促进交通通道由单一向综合、由平面向立体发展，减少对空间的分割。**三是**重视方案论证。加强过江、跨海、穿越环境敏感区通道交通基础设施建设方案论证，推动铁路、公路等线位统筹和断面空间整合。**四是**注重跨领域统筹。加强综合交通通道与通信、能源、水利等基础设施的合理统筹，进一步提高通道资源的综合利用效率。

（四十）如何强化枢纽一体化规划建设？

长期以来，我国建成了一批辐射带动作用较强的综合交通枢纽城市，形成了以机场、铁路站场等为代表的众多大型综合交通枢纽，明显改善了综合运输服务的质量和效率；但综合交通枢纽的一体化规划建设与世界先进水平相比还存在一定的差距，主要表现为：枢纽场站平面化布置居多，空间利用效率不高，集散网络不配套；客运枢纽的换乘便捷程度和货运枢纽的衔接转换效率不高；枢纽功能单一，带动周边、融合发展作用尚未有效发挥等。未来，枢纽的一体化规划建设将是提升综合运输效率的重点。

对此，《规划纲要》提出推进综合交通枢纽规划建设的总体原则是"统一规划、统一设计、统一建设、协同管理"。具体任务主要包括：**一是**推动新建综合客运枢纽内各种运输方式集中布局，实现空间共享、立体或同台换乘，打造全天候、一体化换乘环境；推动既有综合客运枢纽整合各类交通设施、共享服务功能空间。**二是**加快综合货运枢纽多式联运换装设施与集疏运体系建设，统筹转运、口岸、保税、邮政快递等功能，提升多式联运效率与物流综合服务水平。**三是**处理好枢纽与城市空间、产业发展关系，推动站城一体、产城融合。**四是**以专栏形式明确综合交通枢纽一体化规划建设要求。例如，综合客运枢纽内各种运输方式换乘便捷，国际航空枢纽基本实现 2 条以上轨道交通衔接，全国性铁路综合客运枢纽基本实现 2 条以上市域（郊）铁路或城市轨道衔接。千万标箱港口规划建设综合货运通道与内陆港系统，全国沿海、内河主要港口重要港区新建集装箱、大宗干散货作业区原则上同步规划建设进港铁路。

（四十一）如何推进交通基础设施网与运输服务网、信息网、能源网融合发展？

以国家综合立体交通网为依托，以新一代信息技术为牵引，加快形成交通基础设施网、运输服务网、信息网、能源网融合发展新格局，做好新型基础设施与交通基础设施的融合发展，是交通基础设施提高效能、扩大功能、增加动能的重要举措。

为此，《规划纲要》提出要推进交通基础设施网与运输服务网、信息网、能源网融合发展。**一是**推进交通基础设施网与运输服务网融合发展。提高交通运输网动态运行管理服务智能化水平，打造以全链条快速化为导向的便捷运输服务网，构建空中、水上、地面与地下融合协同的多式联运网络。**二是**推进交通基础设施网与信息网融合发展。加强交通基础设施与信息基础设施统筹布局、协同建设，强化与新型基础设施建设统筹。**三是推进交通基础设施网与能源网融合发展。**推进交通基础设施与能源设施统筹布局规划建设，充分考虑煤炭、油气、电力等各种能源输送特点，强化交通与能源基础设施共建共享，提高设施利用效率，减少能源资源消耗。促进交通基础设施网与智能电网融合，适应新能源发展要求。

（四十二）如何推进重点区域交通运输统筹发展？

我国经济发展的空间结构正在发生深刻变化，区域经济发展分化态势明显，中心城市和城市群正在成为承载发展要素的主要空间载体。党的十九届五中全会提出，推进京津冀协同发展、长江经济带发展、粤港澳大湾区建设、长三角一体化发展，打造创新平台和新增长极，推动黄河流域生态保护和高质量发展，高标准高质量建设雄安新区，推进成渝地区双城经济圈建设，稳步推进海南自由贸易港建设。

《规划纲要》落实国家重大区域战略实施要求，结合各地特色，分别提出了综合交通运输体系发展的重点任务。主要包括：建设"轨道上的京津冀"，加快推进京津冀地区交通一体化，建设世界一流交通体系，高标准、高质量建设雄安新区综合交通运输体系。建设"轨道上的长三角"、辐射全球的航运枢纽，打造交通高质量发展先行区，提升整体竞争力和影响力。粤港澳大湾区实现高水平互联互通，打造西江黄金水道，巩固提升港口群、机场群的国际竞争力和辐射带动力,建成具有全球影响力的交通枢纽集群。成渝地区双城经济圈以提升对外连通水平为导向,强化门户枢纽功能,构建一体化综合交通运输体系。建设东西畅通、南北辐射、有效覆盖、立体互联的长江经济带现代化综合立体交通走廊。支持海南自由贸易港建设,推动西部陆海新通道国际航运枢纽和航空枢纽建设,加快构建现代综合交通运输体系。统筹黄河流域生态环境保护与交通运输高质量发展,优化交通基础设施空间布局。

(四十三)如何推进东部、中部、西部和东北地区交通运输协调发展?

实施区域协调发展战略是我国重大战略之一,是贯彻新发展理念、建设现代化经济体系的重要组成部分。当前,我国已转向高质量发展阶段,对区域协调发展提出了更高要求。党的十九届五中全会提出,推动西部大开发形成新格局,推动东北振兴取得新突破,促进中部地区加快崛起,鼓励东部地区加快推进现代化。

立足发挥各地区比较优势和缩小区域发展差距,《规划纲要》针对东部、中部、西部和东北地区各自发展特征,遵循交通与区域经济社会互动规律,提出东部、中部、西部和东北地区交通运输发展的重点任务。主要包括:加速东部地区优化升级,提高人口、经济密集地区交通承载力,强化对外开放国际运输服务功能。推进中部地区大通道大枢纽建设，更好发挥承东启西、连南接北功能。强化西部地区交通基础设施布局，推进西部陆海新通道建设，打造东西双向互济对外开放通道网络。优化枢纽布局，完善枢纽体系，发展通用航空，改善偏远地区居民出行条件。推动东北地区交通运输发展提质增效，强化与京津冀等地区通道能力建设，打造面向东北亚对外开放的交通枢纽。支持革命老区、民族地区、边疆地区交通运输发展，推进沿边沿江沿海交通建设。

（四十四）如何推进城市群、都市圈交通运输一体化？

党的十九届五中全会提出，发挥中心城市和城市群带动作用，建设现代化都市圈，加快城市群和都市圈轨道交通网络化。《规划纲要》根据城市群、都市圈交通运输发展存在的突出问题和面临的战略要求，坚持一体化方向，提出以下任务：

一是推进城市群内部交通运输一体化发展。构建便捷高效的城际交通网，加快城市群轨道交通网络化，完善城市群快速公路网络，加强城市交界地区道路和轨道顺畅连通，基本实现城市群内部2小时交通圈。加强城市群内部重要港口、站场、机场的路网连通性，促进城市群内港口群、机场群统筹资源利用、信息共享、分工协作、互利共赢，提高城市群交通枢纽体系整体效率和国际竞争力。统筹城际网络、运力与运输组织，提高运输服务效率。研究布局综合性通用机场，疏解繁忙机场的通用航空活动，发展城市直升机运输服务，构建城市群内部快速空中交通网络。建立健全城市群内交通运输协同发展体制机制，推动相关政策、法规、标准等一体化。

二是推进都市圈交通运输一体化发展。建设中心城区连接卫星城、新城的大容量、快速化轨道交通网络，推进公交化运营，加强道路交通衔接，打造1小时"门到门"通勤圈。推动城市道路网结构优化，形成级配合理、接入顺畅的路网系统。有序发展共享交通，加强城市步行和自行车等慢行交通系统建设，合理配置停车设施，开展人行道净化行动，因地制宜建设自行车专用道，鼓励公众绿色出行。深入实施公交优先发展战略，构建以城市轨道交通为骨干、常规公交为主体的城市公共交通系统，推进以公共交通为导向的城市土地开发模式，提高城市绿色交通分担率。超大城市充分利用轨道交通地下空间和建筑，优化客流疏散。

（四十五）如何推进城乡交通运输一体化？

《规划纲要》提出，推进城乡交通运输一体化发展。统筹规划地方高速公路网，加强与国道、农村公路以及其他运输方式的衔接协调，构建功能明确、布局合理、规模适当的省道网。加快推动乡村交通基础设施提档升级，全面推进"四好农村路"建设，实现城乡交通基础设施一体化规划、建设、管护，畅通城乡交通运输连接，推进县乡村（户）道路连通、城乡客运一体化,解决好群众出行"最后一公里"问题。提高城乡交通运输公共服务均等化水平,巩固拓展交通运输脱贫攻坚成果同乡村振兴有效衔接。

(四十六)如何推进交通与相关产业融合发展?

交通运输是实体经济发展的基础支撑、国民经济循环的动脉,在与其他产业融合发展,推动我国经济发展质量变革、效率变革、动力变革,提高全要素生产率方面,具有先天优势。《规划纲要》聚焦邮政快递、现代物流、旅游、装备制造等与交通运输联系紧密、相互作用影响程度深,融合发展过程中催生新技术、新模式、新业态的产业,提出融合发展的重点任务。

一是推进交通与邮政快递融合发展。主要包括推动在交通场站建设邮政快递专用处理场所、运输通道、装卸设施;发展快递专用运载设施设备;在重要交通枢纽实现邮件快件集中安检、集中上机(车);推动不同运输方式之间邮件快件装卸标准、跟踪数据等有效衔接;发展航空快递、高铁快递,推动邮件快件多式联运等。

二是推进交通与现代物流融合发展。主要包括加强现代物流体系建设,优化国家物流大通道和枢纽布局,加强国家物流枢纽应急、冷链、分拣处理等功能区建设,完善与口岸衔接,畅通物流大通道与城市配送网络交通线网连接;加快构建农村物流基础设施骨干网络和末端网络；发展高铁快运，推动双层集装箱铁路运输发展；加快航空物流发展；培育壮大一批具有国际竞争力的现代物流企业；依托综合交通枢纽城市建设全球供应链服务中心，打造开放、安全、稳定的全球物流供应链体系等。

三是推进交通与旅游融合发展。 主要包括充分发挥交通促进全域旅游发展的基础性作用；加快国家旅游风景道、旅游交通体系等规划建设；强化交通网"快进慢游"功能，加强交通干线与重要旅游景区衔接；完善公路沿线、服务区、客运枢纽、邮轮游轮游艇码头等旅游服务设施功能；支持红色旅游、乡村旅游、度假休闲旅游、自驾游等相关交通基础设施建设；推进通用航空与旅游融合发展；健全重点旅游景区交通集散体系，鼓励发展定制化旅游运输服务，丰富邮轮旅游服务等。

四是推进交通与装备制造等相关产业融合发展。 主要包括加强交通运输与现代农业、生产制造、商贸金融等跨行业合作，发展交通运输平台经济、枢纽经济、通道经济、低空经济等；支持交通装备制造业延伸服务链条，促进现代装备在交通运输领域应用，带动国产航空装备的产业化、商业化应用；推动交通运输与生产制造、流通环节资源整合，鼓励物流组织模式与业态创新，推进智能交通产业化。

五、关于推进综合交通高质量发展

(四十七)为什么要推动综合交通高质量发展?

改革开放特别是党的十八大以来,在以习近平同志为核心的党中央坚强领导下,我国交通运输发展取得了显著成就,我国已经站在了由"交通大国"迈向"交通强国"的新起点上。但与此同时,我国交通运输发展还存在一些短板,不平衡不充分问题还比较突出,必须加快交通运输发展方式的转变,推动质量变革、效率变革和动力变革,由追求速度规模向更加注重质量效益转变,由各种运输方式相对独立发展向更加注重一体化融合发展转变,由依靠传统要素驱动向更加注重创新驱动转变,推动交通运输高质量发展。

(四十八)如何推进安全发展?

党的十九届五中全会提出,统筹发展和安全,维护交通等重要交通基础设施安全,有效遏制交通等重大安全事故。《规划纲要》以完善交通运输安全体系建设为重点,以安全科技创新应用为手段,从提升安全保障能力、提高交通基础设施安全水平以及完善交通运输安全保障体系三个维度,提出相关任务,保障经济社会发展和人民群众生命财产安全。

一是提升安全保障能力。第一,提升交通网络系统韧性和安全性,特别是重点加快推进城市群、重点地区、重要口岸、主要产业及能源基地、自然灾害多发地区多通道、多方式、多路径建设。第二,健全粮食、能源等战略物资运输保障体系。第三,加强通道安全保障等。第四,健全关键信息基础设施安全保护体系。第五,提升交通运输装备安全水平。第六,健全安全宣传教育体系。

二是提高交通基础设施安全水平。第一,建立完善现代化工程建设和运行质量全寿命周期安全管理体系。第二,强化交通基础设施预防性养护维护,加强长期性能观测和病害治理。第三,推广使用新材料新技术新工艺。第四,完善安全责任体系。

三是完善交通运输应急保障体系。第一,完善综合交通应急运输管理协调机制与应急运输保障预案体系。第二,构建应急运输大数据中心。第三,构建综合交通应急运输网络。第四,提升应急运输装备水平。第五,建设综合运输应急装备物资和运力储备体系。第六,科学规划布局应急救援基地等。第七,强化危险货物运输监测预警。

(四十九) 如何推进智慧发展?

互联网、大数据、人工智能等信息技术的迅速发展,为我国智慧交通发展创造了广阔空间,个别领域已经呈现领先态势,但总体上发展水平还不高,交通领域新基建亟须推进。

《规划纲要》从提升智慧发展水平、加快既有设施智能化两个维度进行重点体现。

一是提升智慧发展水平,围绕交通基础设施、载运工具及装备、行业治理等领域智慧化展开。其中,交通基础设施强调推进基础设施数字化、网联化,推进交通网和信息网的融合发展。载运工具及装备强调智能化载运工具以及专用装备的研发和推广应用。行业治理强调构建综合交通大数据中心体系,完善综合交通运输信息平台。

二是加快既有设施智能化,关键点是利用新技术赋能传统交通基础设施,加强既有交通基础设施提质升级。重点是推动信息基础设施与交通基础设施融合发展,推动铁路全路网列车调度指挥、公路路网管理、内河高等级航道运行监测等智能化,建设新一代空管系统、城市智慧出行平台等交通控制平台,实现基础设施的数字转型、智能升级,打造融合高效的智慧交通基础设施,提升设施利用效率和服务水平。

(五十)如何推进高速磁悬浮发展?

当前,全球新的轨道交通方式研究发展方向主要集中在高速磁悬浮和更高运行速度的低真空管(隧)道等方面。相比于现有轮轨列车,高速磁悬浮列车具有无摩擦、爬坡能力强、综合造价低、节能环保等综合优势。综合分析考量经济合理性和技术成熟性等各方面因素,在规划期内,高速磁悬浮实现规模化商业运营的可行性、操作性相对更高，因此，《规划纲要》重点考虑了高速磁悬浮发展。

由于高速磁悬浮运行速度快、运营成本相对较高，车站之间的距离更长，考虑到建设运营管理等因素，高速磁悬浮在短途旅客运输方面难以发挥优势。因此，《规划纲要》提出，研究推进超大城市间高速磁悬浮通道布局和试验线路建设。目前，高速磁悬浮技术尚处于研究阶段，还需进一步提升技术成熟度、加强经济性比较、强化运营可行性分析，待具备一定条件后，再推动项目实施和建设运营。

（五十一）如何推进自动驾驶等技术应用？

当前和未来一段时间，自动驾驶和车路协同是世界各国交通运输新技术、新模式、新产业发展的重要领域。目前该领域各项技术的发展与应用尚处于起步阶段，但我国市场需求旺盛，政府和市场高度重视，未来还有很大的探索空间。

考虑到基础设施和载运工具的智能化相互影响、相互促进，必须加大投入程度，为交通系统的智能化预留通信、电力等智能化拓展条件，同时自动驾驶和车路协同所需智能道路装备及其标准尚未确定，大规模部署智能基础设施尚需时日。因此《规划纲要》提出"加强交通基础设施与信息基础设施统筹布局、协同建设""推进智能网联汽车（智能汽车、自动驾驶、车路协同）应用""推动智能网联汽车与智慧城市协同发展"等相关任务。

（五十二）如何推进绿色发展？

《规划纲要》深入贯彻落实生态优先、绿色发展理念，重点体现国土空间集约利用、生态保护修复、污染防治、节能降碳、资源节约等各项要求。

一是在发展目标方面，以绿色集约为导向，提出到2035年综合运输通道资源利用的集约化、综合化水平大幅提高，基本实现交通基础设施建设全过程、全周期绿色化，单位运输周转量能耗和二氧化碳排放强度下降，交通污染防治达到世界先进水平等目标，从顶层设计角度推进综合立体交通网绿色发展。**二是**在规划布局方面，充分考虑资源环境承载力和国土空间开发适宜性，优化交通基础设施布局，推动交通网络与生态环境协调发展。**三是**在运输结构方面，加强铁路、水运基础设施建设，强化不同运输方式统筹衔接，推进运输结构调整，提升综合交通网络效率，降低单位运输排放。**四是**在综合交通高质量发展方面，明确交通运输绿色低碳发展要求，提出资源节约集约利用、生态保护修复、交通污染防治、节能降碳等主要任务，并强调源头管控。

（五十三）如何推进人文建设？

加强人文建设，是建设人民满意交通的重要举措。《规划纲要》提出加强交通运输人文建设，主要方向是完善交通运输基础设施、运输装备功能配置和运输服务标准规范体系，满足不同群体出行多样化、个性化要求。具体体现在以下方面：**一是**服务特殊人群出行需求，要加强无障碍设施建设，完善无障碍交通运输装备设备功能，提高特殊人群出行便利程度和服务水平。**二是**服务老年人出行需求，要使交通基础设施、运输装备和运输服务水平满足老龄化社会交通需求。**三是**服务人民日益增长的美好生活需要，要不断创新服务模式，提升运输服务人性化、精细化水平。**四是**加强交通文明宣传教育，弘扬优秀交通文化，提高交通参与者守法意识和道德水平。

（五十四）如何深化行业改革？

全面深化改革是交通强国建设的重要动力。《规划纲要》在把握好全面深化交通运输改革要求的基础上，进一步明确内涵与规律，在既有改革上实现评估继承再提升，在策略举措上都有新突破。具体包括以下方面：

一是深化简政放权、放管结合、优化服务改革，持续优化营商环境，形成统一开放竞争有序的交通运输市场。**二是**建立健全适应国家综合立体交通高质量发展的体制机制。**三是**推进铁路行业竞争性环节市场化改革，深化国家空管体制改革，实现邮政普遍服务业务与竞争性业务分业经营。**四是**完善交通运输与国土空间开发、城乡建设、生态环境保护等政策领域协商机制，推进多规融合，提高政策统一性、规则一致性和执行协同性。

（五十五）如何推进人才队伍建设？

交通运输人才的总量规模、结构和素质等决定了交通运输人力资源发展的整体规模和质量水平。当前，全行业从业人员总数超过4000万人，但交通运输业人力资源结构有待进一步优化，高精尖人才仍显不足，领军人才、复合型人才、新领域新业态专业技术人才和高技能人才较为短缺，人才国际化水平仍有待提高。

《规划纲要》提出加强人才队伍建设，把优化人才队伍结构作为主要方向。**一是**加强跨学科科研队伍建设，造就一批有影响力的交通科技领军人才和创新团队。**二是**完善人才引进、培养、使用、评价、流动、激励体制机制和以社会主义核心价值观引领行业文化建设的治理机制。**三是**加强创新性、应用型、技能型人才培养，建设忠诚干净担当的高素质干部队伍，造就一支素质优良的劳动者大军。

六、关于《规划纲要》保障措施

（五十六）如何加强用地保障？

《规划纲要》按照国土空间开发和保护等要求，统筹考虑综合交通设施的存量与增量关系以及各种运输方式融合互补关系,提出的布局方案与国土空间规划原则与要求相符。当前及今后一段时期,我国仍处于综合交通补短板、加速成网的关键阶段,构建国家综合立体交通网,还需要一定规模的土地资源支撑。

《规划纲要》提出,加强国家综合立体交通网规划项目土地等资源供给。规划、建设过程严格进行用地控制,突出立体、集约、节约思维,提高交通用地复合程度,盘活闲置交通用地资源。完善公共交通引导土地开发的相关政策。建立国土空间规划等相关规划与交通规划协调机制和动态调整管理政策。

(五十七)如何加强资金保障?

构建国家综合立体交通网,需要加强资金保障。《规划纲要》提出,建立完善与交通运输发展阶段特征相适应的资金保障制度,落实中央与地方在交通运输领域的财政事权和支出责任,确保各交通专项资金支持交通发展。创新投融资政策,健全项目资金需求与期限相匹配的长期资金筹措渠道。构建形成效益增长与风险防控可持续发展的投资机制,防范化解债务风险。健全公益性基础设施建设运营支持政策体系,加大对欠发达地区和边境地区支持力度。进一步调整完善支持邮政、水运等发展的资金政策。支持各类金融机构依法合规为市场化运作的交通发展提供融资，引导社会资本积极参与交通基础设施建设。

（五十八）如何加强组织实施？

一是要加强《规划纲要》实施组织保障体系建设，建立健全《规划纲要》实施协调推进机制，强化部门协同和上下联动，推动各类交通基础设施统筹规划、协同建设。**二是**财政、自然资源、住房城乡建设、生态环境等部门要根据《规划纲要》任务要求，细化完善财政、用地、用海、城乡建设、环保等配套政策及标准规范。**三是**在《规划纲要》指导下，完善综合交通战略规划政策体系。健全《规划纲要》与各类各级规划衔接机制。**四是**《规划纲要》实施过程中要加强与国民经济和社会发展、国土空间、区域发展、流域等相关规划衔接，与城乡建设发展相统筹。

（五十九）如何研究推进重大工程？

为构建现代化高质量国家综合立体交通网，加快建设交通强国，《规划纲要》提出，在通道、枢纽、技术创新、安全绿色低碳等方面科学论证并组织实施一批重大工程。其中，重大通道工程方面，着力完善综合运输大通道，推动运输结构调整，消除瓶颈制约，提高边境地区通达深度，加快补齐交通基础设施短板，促进城乡区域协调发展；重大枢纽工程方面，着力完善综合交通枢纽、物流网络和寄递网络，提高换乘效率，降低流通成本，促进国内国际双循环；技术创新工程方面，面向世界科技前沿和国家重大需求，着力推动互联网、大数据、信息、北斗卫星导航系统等先进技术与交通深度融合，实现关键核心技术重大突破，加快建设科技强国；安全绿色低碳工程方面，着力提高交通运输安全保障能力，加快推动绿色低碳发展，促进运输结构调整和污染防治及生态修复，实现生态环境根本好转，推动更高质量发展。

（六十）如何推进重大通道工程？

立足打通国土空间上存在的天然地理障碍，推动区域一体化发展，研究推进大型跨海通道工程；有力支撑西部大开发形成新格局和对外开放，促进城乡区域协调发展，加快推进西部陆海新通道工程；加快补齐交通基础设施短板，推动西藏、新疆两地融入"一带一路"建设，研究推进连疆入藏通道工程；强化南北疆间经济社会联系，维护边疆长治久安，研究推进南北疆连接通道工程；促进运输结构调整，推动内河水运高质量发展，研究推进运河连通工程和水运通道扩能提升工程。

（六十一）如何推进重大枢纽工程？

着眼完善综合交通枢纽，提高换乘效率，支撑"全国123出行交通圈"建设，推进综合客运换乘系统工程；完善物流网络，进一步提升物流运行效率和服务质量，降低流通成本，推进物流枢纽系统工程；完善寄递网络，提升寄递流通速度，畅通经济循环，持续实现降本增效，推进寄递物流网络工程。

（六十二）如何推进技术创新引领工程？

形成面向交通运输行业的大数据集，实现信息资源深度共享开放，推进交通基础设施数字化工程、综合交通大数据工程、交通运输天地一体化信息网工程；实现先进信息技术与交通运输深度融合，推进交通运输北斗应用工程、智慧铁路工程、智能航运工程、智慧寄递网络工程、空管运行效率和容量提升工程；加快新型基础设施建设，促进交通运输装备升级换代，研究推进自动驾驶工程、高速磁悬浮工程；加快交通领域重大原创和关键核心技术突破，推进重点科研平台工程。

（六十三）如何推进安全绿色低碳工程？

聚焦提高我国海上安全监管、海上救助和航海保障能力，推进海上交通安全监管和救捞工程；挖掘内需潜力、培育经济发展新动能，适应人民旅游需求新变化，推进交通旅游融合工程；加快推动绿色低碳发展，推进交通廊道生态化工程；普及环保包装，促进全流程节能减排，推进寄递网络绿色发展工程；增强交通基础设施的防灾抗灾能力，提高应对突发或重大事件的支撑保障能力，推进交通基础设施安全保障工程；实现生态环境根本好转，推动更高质量发展，推进运输结构调整及污染防治工程。

（六十四）如何减轻对生态环境的影响？

《规划纲要》所提出的规模、布局、结构等总体合理，通过采取优化交通运输和能源结构、提高资源利用和运输效率、对接国土空间与生态保护要求等积极举措，可有效减缓对生态环境的影响，从生态环境角度总体可行。

《规划纲要》中各类交通基础设施建设需要占用一定的土地、岸线、通道资源。新增交通基础设施可能与部分生态保护红线、自然保护地存在空间重叠，但绝大部分通过优化可以避让核心保护区域，较难避让的需在下层次规划或工程方案中实施更大范围的空间调整，并采取地下或空中穿越等低影响工程形式。机动车、船舶等大气污染排放将对重点地区空气质量改善产生一定压力，需通过运输结构调整、能源清洁化和电动化等措施减缓影响。综合交通运输活动还将消耗大量能源，但清洁能源尤其是电力消耗占比将显著提升，未来单位运输周转量的碳排放强度可显著降低。

图书在版编目(CIP)数据

国家综合立体交通网规划纲要学习读本 /《国家综合立体交通网规划纲要学习读本》编写组编著. — 北京：人民交通出版社股份有限公司, 2021.2
ISBN 978-7-114-16973-1

Ⅰ. ①国… Ⅱ. ①国… Ⅲ. ①交通规划—中国—学习参考资料 Ⅳ. ①U491.1

中国版本图书馆 CIP 数据核字（2020）第 244217 号

交通强国系列丛书
Guojia Zonghe Liti Jiaotongwang Guihua Gangyao Xuexi Duben

书　　名：	国家综合立体交通网规划纲要学习读本
著 作 者：	本书编写组
责任编辑：	韩亚楠　郭晓旭
责任校对：	孙国靖　龙　雪
责任印制：	张　凯
出版发行：	人民交通出版社股份有限公司
地　　址：	(100011) 北京市朝阳区安定门外外馆斜街 3 号
网　　址：	http://www.ccpcl.com.cn
销售电话：	(010) 59757973
总 经 销：	人民交通出版社股份有限公司发行部
经　　销：	各地新华书店
印　　刷：	北京交通印务有限公司
开　　本：	720×960　1/16
印　　张：	18.25
字　　数：	170 千
版　　次：	2021 年 2 月　第 1 版
印　　次：	2021 年 2 月　第 1 次印刷
书　　号：	ISBN 978-7-114-16973-1
定　　价：	68.00 元

(有印刷、装订质量问题的图书由本公司负责调换)